U0120658

心里满了，就从口中溢出

巴学园的父亲

小林宗作传

[日]佐野和彦 著

田建国 杜勤 顾振申 邓俊玲 译

上海教育出版社
SHANGHAI EDUCATIONAL
PUBLISHING HOUSE

小林宗作先生的足迹

小林宗作

昭和二年（1927 年）八月，第三届
体态律动教学法讲习班

昭和四年（1929 年）八月，大阪第二届
体态律动教学法讲习班

昭和五年（1930 年）七月，成城学园
附属幼儿园的孩子们游多摩川

巴学园礼堂，中央立柱上方是希腊
雕刻风格的雕塑

巴学园礼堂，中央立柱上方雕像是二宫金次郎

在礼堂中宿营

在土肥温泉的海中温泉浴场嬉戏的巴学园学生

疑为昭和十四年（1939 年）至昭和十五年（1940 年）间

散步途中

电车车厢教室里的上课情景

孩子们从电车车厢教室窗口
看运动会

在电车车厢教室前合影留念

孩子们在电车车厢教室里入神观看木偶戏

巴学园疏散到群马县时的上课情景

疏散学校的孩子们在做体操

在疏散地用饭盒做饭

在烧毁的巴学园礼堂前

小林宗作出生的老家

巴学园运动会

金子巴先生站在疏散期间烧荒耕种麦子的
平坦高地上

在巴学园礼堂前班级合影，中排左一为黑柳彻子

海滨合影，右四为黑柳彻子

小林宗作夫人的出生地——峰山寺

金子良平先生

于现国立幼儿园合影
前排左起：小林惠子、吉原节子
后排左起：大场里子、金子美代

小林宗作夫人

战后巴学园幼儿园毕业仪式，昭和三十七年（1962年）三月二十二日
翌年小林宗作仙逝

（照片由巴学园同窗会和金子巴、小林惠子等供稿）

目　录

黑柳彻子 [1] 序言

　　"事实比小说更神奇"，此言非虚！时至今日，那天的情景仍然萦绕在我的脑海中。

　　四年前的一天，在朝日电视台"彻子的房间"节目组我的化妆室里，当时，我已经开始连载《窗边的小豆豆》了，但还没有出单行本。我是想，一定要趁还记得住的时候，把我至爱的小学——巴学园，还有我发自内心尊敬、热爱的小林校长写出来。出于这种心情，我开始了写作。

　　佐野和彦先生（这部传记的作者）是"彻子的房间"的制片人，与我已有超过十三年的交往。开播"彻子的房间"前，我曾在电视台的"13点秀"节目担任过三年的主持人，当时的制片人也是佐野先生。"彻子的房间"开播前，我决定请求台里让

---

1. 黑柳彻子（1933 — ），日本作家、电视节目主持人。她的代表作《窗边的小豆豆》1981年出版之后，不仅在日本，在全球都引起了极大的反响。1984年，联合国的官员在读完英文版的《窗边的小豆豆》后，认为"这个人这么了解孩子的心理，再也没有比她更合适的人选了"，因而任命她为联合国儿童基金会亲善大使，成为亚洲历史上第一位亲善大使。

佐野先生接着担任"彻子的房间"的制片人。因为我认为佐野先生作为制片人是值得信赖的，他和蔼可亲的品格非常珍贵，想来这也是一种缘分。

佐野先生毕业于东京艺术大学乐理专业，在电视台供职的同时，还开始了儿童音乐教育的工作。在教授孩子的过程中，佐野先生总会出现疑问和烦恼。就在这个时候，他了解到以前有一位杰出的教育家，名字叫小林宗作！

自那以后，他开始了对小林宗作的研究。小林宗作老师已然仙逝，佐野先生就拜访了解小林老师的人士，对小林老师的生平进行调研。随着对小林老师了解的不断深入，佐野先生越发觉得小林宗作这个人物了不起。于是，佐野先生便琢磨着"想要会一会接受过小林老师言传身教的巴学园学生"。

"小林老师究竟是如何对待孩子的……"佐野先生最想知道的就是这一点。一定要见到巴学园的学生！这成了佐野先生的梦想。但究竟怎样才能见到那么久远以前的小学生呢……佐野先生完全不知道我就是巴学园的学生！而我也是，做梦都没有想到佐野先生在研究小林老师。我和佐野先生相识以来，几乎天天见面，无所不谈，却阴差阳错地从未聊过巴学园和小林老师，尽管小林老师一直活在我们彼此的心中……

这种状况一直持续到大约四年前，那时我已经开始连载《窗边的小豆豆》。看到连载的佐野先生非常震惊，就在"彻子的房间"节目正式开播的那一天，佐野先生冲进我的化妆室，冲我大喊："我找了那么久想要见的人，居然近在眼前！黑柳女士，就是你啊！"

我是多么惊喜，想必大家一定能懂。世上竟有这么不可思议的事！

我在《窗边的小豆豆》中所描写的小林老师，是我儿童时代眼中所见的老师，是一个上了一年普通小学就退学并转学到巴学园后，每天都要被小林老师夸上一句"你真是个好孩子"的女孩儿记忆里的小林老师。而佐野先生则透过那双跟小林老师一样清澈的眼睛，写出了成年人眼中的这位小林老师。

《窗边的小豆豆》问世以后，收到过多少人寄来的"关于小林宗作老师"的信，我已经数不清了。幼小的孩子们在信中说道："我跟小豆豆一样喜欢小林老师。"有的还亲切地写道："我想上小林老师的学校。"母亲们宛若祈祷一般，在信里说："要是小林老师现在还在……"在职教师则在信里表达了"想要成为小林老师那样的老师"的心情。可见，对于那些阅读了小豆豆的成年人来说，没有比《窗边的小豆豆》更让人觉得饶有兴味的书了。

究竟怎么做才能像小林老师那样成为孩子们的知音呢？小林老师到底是如何学习的？小林老师有着一种怎样的感受力？我想，心中存有这些疑惑的人，一定会在这本书中有种种发现。

佐野先生在这部书的写作过程中，见了多少人，走了多少路，收集了多少资料，已经无可计数。小林老师担任教师伊始，曾经为音乐剧作过曲。佐野先生找到小林老师在成城学校教过的一个学生（现已六十一岁），请她凭记忆唱出这首歌曲，并做了记谱。佐野先生采访了小林老师的儿子金子巴先生，请他鼎力相助，收集了小林老师几乎所有的散文、论文、报告、译著等，悉数收录进了这部书中。佐野先生还去了我从未去过的小林老师的老家，眺望了小林老师曾经亲眼见过的群山。

对我来说，小豆豆的母校早已成为一个尘封在我记忆中的世界，把它还原成现实展现在书中，使我有几分惶恐。当然，这本书让我知道了许多长久以来我一直想知道的事。我说这些并非是对佐野先生在跋中对我不吝溢美之词的还礼……

衷心感谢佐野先生把小林老师写了出来！

1985 年 5 月

第一章

空袭 —— 烧毁巴学园

黑柳彻子的眼睛里，泪水夺眶而出，化开了舞台妆的眼线，化作一串黑色的泪珠，从脸颊上扑簌簌地流淌下来。

"B-29轰炸机投下的无数颗燃烧弹，落在了巴学园电车[1]车厢校舍的顶上，校长实现梦想的学校，顷刻间化作一片火海。

"校长伫立在马路上，一动不动，眼睁睁地看着巴学园被烈火吞噬。他和往日一样，身上穿着皱巴巴的黑色三件套西服。校长看着燃烧的大火，儿子金子巴先生就在身边。校长对已经上大学的儿子说：'喂，咱们下次盖一个什么样的学校呢？'

"老师对孩子们的爱、对教育的热忱，远比吞噬着学校的熊熊火焰还要炽烈得多。老师没有被击垮！"

昭和五十七年（1982年）四月四日，音乐剧《窗边的小豆豆》（黑柳彻子、饭泽匡编剧，小森昭宏作曲，新星日本交响

---

1. 电车，在日本专指长途或短途、固定线路或非固定线路、班列或非班列、区域内或跨区域运营的路面轨道客运电车。——译者注（本书注释除有特殊说明外，均为译者注）

乐团演奏）初次公演。随着震耳欲聋的声响，舞台上巴学园被烧毁的惨状，把观众带入了感动与震撼的旋涡。一直在舞台上朗读旁白的黑柳女士、台下观众中的母亲和孩子，无不抽泣落泪。演出结束后，黑柳女士在台上接受了孩子们献花，然后语调低沉却铿锵有力地向观众致辞。

"孩子们如此可爱，却要被战争夺去生命。我们决不让这样的悲剧重演。观众朋友们，让我们人人都为和平贡献智慧吧！"

台下掌声雷动，经久不息。

昭和二十年（1945 年）四月十五日晚上十时三分，断断续续的警报声再度响彻东京上空，警告人们美军 B-29 轰炸机又来空袭。这天，约有 200 架 B-29 轰炸机途经房总半岛、相模湾上空飞向东京。十六日凌晨一时十分空袭警报解除前，东京的西南部、大森、目黑、蒲田、麻布、芝、荏原、世田谷的大部分地区就已经被烧成了废墟。

据东京大轰炸记录，当晚投下 500 公斤级炸弹 31 颗、250 公斤级炸弹 32 颗、100 公斤级炸弹 4 颗、50 公斤级炸弹 2 颗，还有 45.4 公斤[1] 级燃烧弹 480 颗，而 2.8 公斤燃烧弹竟达 61902 颗之多。多所小学被烧毁，池上的本门寺也被烧毁，东京快速

---

1. 即 100 磅。

电车的自由之丘站也被烧毁。位于附近的巴学园礼堂和电车车厢教室也被烧成了废墟。

宗作老师的长子金子巴先生回忆了当时情景。

巴学园大约是在昭和二十年四月上旬前后遭到空袭的。不，大概是中旬吧，恰好是在礼堂前紫藤架开花的前夕。藤上花蕾已经含苞待放。机缘巧合，那天早晨我拍了照片。藤子上花蕾、礼堂前圆柱顶上可爱少女的雕像都收进了镜头，我记得很清楚。我那时大概十八岁吧，在上东京高等师范学校（现在的筑波大学）。燃烧弹落在了礼堂的正上方。

当时，屋顶较大的建筑物非常难造，巴学园礼堂的造法很不合理，屋顶上方整个都是用混凝土浇筑的，一片白色，恰好成了攻击目标。而且不知为什么，每次空袭B-29轰炸机总是从相模湾方向飞过来，航线就在我们的正上方。

其实，投弹并不是瞄准我们的，而是我们附近好像有个什么目标。大概是投向那边的炸弹偏到了我们这边。燃烧弹就是把硝甘炸药似的管筒捆绑起来，形成一束，"嗖"地从高空落下。捆在中间的那根炸药管尾部装有螺旋叶轮，降到一定的高度，里面的炸药就会爆炸，周围的炸药管就会四处飞散。可是，落到我们这里的那颗燃烧弹螺旋叶轮没有转动。战后整理火灾废墟的时候，叶片被挖了出来，很小，是红色的。

所以，燃烧弹是成捆落下，落到目标上后才散开的。大火瞬间燃遍了空荡荡的礼堂。两边的校舍转眼之间也被点燃，建筑都是木结构，顷刻燃起熊熊大火。没过多久，火势就蔓延到了学校庭院中的电车车厢教室。说是电车车厢，其实就是干燥的木质结构，表面涂满了涂料，地板擦拭得渗透了油脂，所以"轰"的一下子就烧了起来，最后只剩下了厚实的地基。

礼堂一端有一个舞台，上面放着一架三角钢琴。包括屋顶在内，礼堂的一切以及钢琴周围，全部烧毁了，但舞台的地基结构粗大结实，没有垮塌，所以钢琴是兀自矗立在舞台上烧掉的。细小的火苗忽闪忽闪地包裹着整个钢琴，把它烧得只剩下了棱角可辨的骨架，仿佛是童话里的画面，像一场梦。

这时，父亲对身旁的我说："喂，咱们下次再建个什么样的学校呢？"

父亲平日总是把"想做这个""想那么干"挂在嘴上。我猜想他脑子里浮现出来的一定是在希腊、法国亲眼所见的建筑形象。当然，我并不认为他是胸有成竹才这么说的，但希望在他心中燃烧，给人的感觉一半是喜悦！看着巴学园被大火烧尽还感到高兴，说起来有悖情理，但我感受到的是："让我们从头再来！"

一般而言，看到自己历尽艰辛好不容易才建造起来的房屋被烧毁，任谁都会一蹶不振，毕竟那是自己辛辛苦苦建起来的。所以，当我听到"喂，下次再盖个什么样的学校呢？"这句话时，感到匪夷所思，心想："老爸可真有点另类啊！"因此，当父亲身边的人们想着"这可是宗作老师的心血啊"而悲从中来的时候，父亲却没有丝毫悲伤。我虽是个孩子，却像个大人一样如释重负，没有任何悲伤。因为父亲就在我身旁，内心燃烧着希望。

当时，我家房子就在校舍尽头，也被烧毁了。

读过《窗边的小豆豆》的人，大概谁都会心存疑惑：在第二次世界大战那一切都受到严格管控的年代，为什么小林老师却能实行这种自由教育呢？同时我也在想，战后恢复了秩序，小林老师把巴学园打造成了什么样子？小林老师曾经在目睹大火烧毁巴学园的时候对儿子说："喂，咱们下次建一个什么样的学校呢？"他说的那个"下次的学校"后来怎么样了？小林老师是不是在战后真的毫无保留地把自己的教育思想发挥得淋漓尽致了呢？作为他的教育基地，巴学园在空袭中果真荡然无存了吗？

正在沉思之际，黑柳女士讲述了一段往事。

黑柳彻子的话

巴学园在"二战"中既没有悬挂天皇的照片，也没有要求阅读《教育敕语》，却在山本五十六阵亡时，集合全体师生收听了电台的广播。我想，学校一定是接到了命令。

记得听到"玉串"这个词语的时候，我还想这是个什么梳子来着。[1] 碰巧那一阵子要搞防空演习了，我虽然已经记不大清楚了，但学校有个地方在地下挖了防空洞，大家一起演习如何逃到那里钻进去。当时通往防空洞的路边墙壁上靠墙放着各种各样的东西。有一次，孩子们一窝蜂地跑过那条路时，我跑在最后。刚过去，有一面镜子就倒了下来，摔碎了。我心想，这下可糟了！可是我没有碰到它呀！我觉得这不是我干的……可是后来校长问："是谁碰倒的？老师不发火，你们自己说。"我说："是我。"然后说了当时的情形。校长是有意说"老师不发火"的，也许那面镜子相当贵重。我记不清了，感觉是镶着木制镜框的，肯定是练习韵律舞蹈时用的。总之，当时校长说："知道了，肯定是大家奔跑时震倒的。就不该把镜子靠墙放在

---

1. 日语中"玉串"的"串"与"梳子"的"梳"读音相近。在日本，"玉串"被当作能通神的神木，用带叶的杨桐树枝，缠以白纸或木棉做成。由于是个生僻词，黑柳把"串"误听成"梳子"了。

那里。"

一个总爱调皮捣蛋的孩子，十件坏事他做了九件，有一件不是他做的，这时，大人往往会认为"这孩子一天到晚不干好事，剩下的那件肯定也是他干的"，于是会认定是他干的。不过，小孩儿受到冤枉时会竭力向大人申辩："就这件不对！不是我干的！"我认为在这种关头，有人理解是非常重要的。哪怕是个胡作非为的孩子，只要家长、老师倾听他、理解他，他也会大不一样的。就说我，如果当时校长根本不听我说话，劈头盖脸一顿训斥，再让我信任大人，我是再也做不到了。"得到理解"是一件非常开心的事情。这也是小林老师的伟大之处。我要是把这件事也写进《窗边的小豆豆》就好了……

金子巴先生的话

在那样的年代，随时都会遇到空袭。于是就在校舍的一头挖了一个大坑，修建了防空洞。父亲把在法国学习用的书、在德国买的书塞进一个茶箱[1]，埋在了防空洞里。对父亲来说，自己学过的东西就是他的命。唯有这个茶箱没

---

1. 茶箱，日本将茶叶从产地运送给批发商、零售商等时使用的木制大箱，亦可作他用。

有被战火烧掉，幸存了下来。但因为当时茶箱上没有用泥土盖严实，导致里面的书就像被熏蒸过似的，四边都被烤焦了，变得非常干硬。小心翼翼地一页一页揭开还是可以阅读的，只是烤焦的地方已经很脆了。

战争结束后，父亲曾经担任厚生保育员培训所的主管，这里的毕业生主动请缨，对这些书进行了大量的修复工作。

他们在蜡纸一样的薄纸上涂上糨糊，把书页的边缘糊上，一丝不苟地修复了每一页。我感觉当时的那个茶箱肯定还放在某个地方，也总想着找出来整理一下，可是二十年过去了，却一直没有动手，让那些书一直尘封在茶箱里了。

战火中幸存的茶箱

昭和五十八年（1983 年）六月二十二日，金子巴先生在住宅二楼的储物间里找到了这些茶箱。打开第一只箱子，发现里面尽是一些布娃娃，他大失所望，以为那些书也许已经被烧掉了，再也没有了。当看到放在另一只茶箱里的竟是满满当当的一箱书时，他非常兴奋，如获至宝。这堆烧得破烂不堪的洋文书籍，把明治时代的日本人为了寻求更好的教育方法而不懈努力的情形生动地展现在了人们的眼前。宗作老师为了用自己的办法解决不断涌现出来的教育问题，曾两度前往欧洲留学，直接师从达尔克罗兹[1]，学习掌握了体态律动教学法[2]的各种知识。他越学越感到还有更好的教学方法，求知欲喷涌而出，越来越强烈。他不断地拜谒新师，决心把各家的教学法研究透彻。茶箱中，满满的都是他这一路走来的足迹烙印。

---

1. 埃米尔·雅克 - 达尔克罗兹（Émile Jaques-Dalcroze，1865 — 1950），瑞士作曲家、音乐教育家。1905 年在日内瓦音乐学院任教时，创立了以节奏教育为核心的达尔克罗兹音乐教学体系，提倡用形体动作体现音乐节奏，亦称体态律动教学法。
2. 达尔克罗兹的体态律动学认为，单教儿童用手指弹奏乐器是不够的，还需启发他们进入创造乐曲的激情中，把乐曲的感情化为具体的动作、节奏和声音。即把音乐的学习与身体的律动结合起来，用各种富有韵律的身体动作来表现音乐，以达到培养和提高学生感受和表现音乐能力的目的。

当时的欧洲也在不断摸索，雨后春笋般地开发出了更加先进的音乐教学法。这或许对宗作老师产生了巨大的刺激。在他心里，疑问丛生，如："能不能面向集体教授钢琴？""有没有关于艺术和身体运动的哲学考察？""除了达尔克罗兹，其他人对律动学持怎样的观点？"……他在短暂的留学生活中上下求索的身影历历在目。

而且一旦有所发现，他便会登门拜访那位老师。每当搞懂了老师方法论的卓越之处，他的愉悦之情简直溢于言表。

昭和五十六年（1981年）十一月去世的奥寿仪老师当时很活跃，是宗作老师的左膀右臂。宗作老师曾经给她写过这样一封信件（1930年6月14日寄自巴黎）。信中首先叙述了对留在日本的孩子、教师的牵挂以及对经济问题的担心和建议。他接着写道：

> 还有，我原计划是六月底去柏林的，后来发现，达尔克罗兹有一位朋友，法国人，叫德乌迪内[1]，发明了节奏几何学。经过一个月左右的调查研究，我感到这个理论或许比达尔克罗兹的体态律动学更胜一筹。空间运动委实是一个科学问题，我想充分研究一下，所以去柏林的行程要

---

1. 让·德乌迪内（Jean d'Udine，1870—1938）法国人，作曲家、音乐家、美学家、音乐评论家、创意音乐法国本土倡导者，1900年左右搬到巴黎，在那里发展自己的音乐事业。——编者注

取消。哪怕入秋，我也要在巴黎坚持研究，直到能够充分理解。等这个研究告一段落我再去柏林。我认为德乌迪内先生的研究实在是棒。我曾经预测体态律动学可以应用于所有学科，德乌迪内先生与我不谋而合，现在他的研究有了长足的进展。还有一种研究叫"色彩的编排"，就是我所说的色彩节奏。当下我正对语言的节奏和韵律即诗歌的研究感到困惑。而这位先生独辟蹊径，我觉得拜他为师一定会有所收获。所以，哪怕多待一天，我也能跟他多学一天。

我认为，如果达尔克罗兹的体态律动学把这个理论融入进来，也会取得很大的发展。有趣的是，德乌迪内先生手里抱着一大摞书稿对我说："假如我现在把它写成一本书出版，达尔克罗兹肯定很难堪……所以我要等达尔克罗兹去世后再出版。"我说："没有必要等他去世，都是为了研究嘛。"他却回答说："达尔克罗兹是我的学长，他的研究也让我学到很多。而且，达尔克罗兹的父亲是德国人，母亲是奥地利人，他自己是瑞士人，与他争斗，事关国与国之间的外交，会带来麻烦，所以我在回避……"有意思吧。德乌迪内的确可以创造出超越体态律动学的东西。怎么样，是不是愉快得不得了？他是达尔克罗兹学音乐的学生时代经常一起争论的学友，也是一位音乐家。虽说他的学说比达尔克罗兹的体态律动学更先进，但不通过体态律动学这条路径，也是寸步难行的。所以，尽管体态律动学的地位并不会有所下降，但的确也算取得了一大发展。确实，回国之前我还要把色彩节奏的学习也总结一下。这样，作为数学教学的基础，我大概也会完成一套使体态律动学在学问上更加扎实的方法。我相信，不久的将来，人们一定能在学术上解释体态律动学作为儿童基础教育，明显具有解决问题的重要作用。敬请期待。

我大概会一直待到十月，如果有变化，我再告诉你。

……

这就是现实，是生活在日本根本无法想象的欧洲的现实，充满了鲜活的跃动感。宗作老师身在其中，醉心研究，生活充实。他迫不及待想把这种跃动感告诉远在日本的奥老师，澎湃的心情跃然纸上。

关于宗作老师两次留学的收获，容后再述。总之，这只茶箱里的书痛切地告诉我们，战争是如何把文化变得惨不忍睹的。

昭和四十三年（1968 年），宗作老师去世的第五个年头，我才第一次知道他。当时我在横滨的菲莉斯女子学院担任讲师，难得音乐系音乐学专业的学生竟有五人之多。她们经常在我家聚会、聊天、学习，有时还一起旅行。其中一位同学（相见晓子，现名酒井晓子）的毕业论文是《关于日本体态律动教学法的一个考察》，文中写的就是宗作老师。酒井同学的老师是宗作老师的弟子。酒井同学在文中把自己听到的宗作老师的形象刻画得惟妙惟肖，攫住了我的心。

打那以后我就想方设法收集宗作老师的著作，却很难如愿，大概是因为宗作老师的著作本来就不多的缘故吧。

不过，听说宗作老师战后曾在国立[1]音乐大学教过体态律动学，我就到处寻访这所大学的毕业生，翻阅宗作老师编写的教材。这种状态持续了很久。记得就在那段时间里，有一位毕业生给我讲了一件事：曾经在她弹钢琴伴奏的时候，宗作老师批评她说："按照这个节拍，孩子走不出来啊！"听后我豁然开朗，心中迷雾烟消云散。我是在清一色军国主义的环境中接受的小学、中学教育，认为教育当然就是按照大人的想法搞的，根本没有质疑的余地。但是孩子有孩子的世界，视线的高度与大人不同，视野的广度与大人不同，就连行走的步幅也不同，呼吸的速率也不同。论教育，我是个外行，尽管心中一直觉得有什么地方不对劲，有什么东西不对劲，却整日忙于自己的本职工作，对这么简单的道理竟然浑然不觉。如今，曾被宗作老师批评"按照这个节拍，孩子走不出来啊"的三卷道子女士住

---

1. 国立，读作"くにたち"，指东京都辖"国立市"。"国立音乐大学"是一所私立大学。——编者注

在横滨，是位家庭主妇和母亲，对孩子们进行着出色的音乐教育。三卷女士也给了我很大帮助。

几年过后，我在《国立音乐大学研究纪要》第十三期发现了小林惠子老师一篇题为《引进体态律动教学法之草创期的成城幼儿园——以小林宗作的幼儿教育为中心》的研究论文，又惊又喜。小林惠子老师是国立音乐大学的教师，据说她不是宗作老师的嫡传弟子，但她的老师却是宗作老师的亲传弟子。

小林惠子老师另外还撰写了宗作老师著作复刻版的注解，对我来说，都是久旱逢甘雨般的论文。在这些论文里，年轻时代的宗作老师为幼儿教育呕心沥血的心路历程跃然纸上。

然而，宗作老师是如何面对孩子的？在每天的生活中又是如何教育孩子的？我身处电视台节目制作现场，工作繁重，已经无从了解。所以，我在面对成长情况迥异的孩子们，感到困惑不知所措的时候，只能凭空想象："每到这种时候，宗作老师都是怎么做的呢？"在接触实实在在成长起来的孩子时，这种状况有时甚至成了我的一种痛苦。

现在想起来，我只能认为把我从"下午秀"节目调到黑柳彻子女士主持的"13点秀"节目，就是上天的恩赐。"13点秀"结束后，电视台又策划了"彻子的房间"，决定把制作现场从朝日电视台转移到另一家叫作朝日电视影像的制作公司，黑柳女士提名把我也一起带进了这家公司。我不知道黑柳女士为什么只点名把我带去，但这也是上天的恩赐。以后慢慢向她问个究竟吧。总而言之，我在制作"彻子的房间"的同时，能够每天得以见到黑柳女士的多才多艺，目睹这位罕见的天才实干家的形象。

不知什么时候，她开始在《年轻女性》杂志上连载《窗边的小豆豆》了。当我得知作品所描写的"校长"就是"小林宗作"这个人物的时候，我惊呆了。

"小林宗作是音乐教师？！"

"是啊，每天教我们体态律动……你怎么问起这个？"

"怎么问起……我一直在查找小林宗作这个人呢。"

"啊？为什么？"

通过这种交谈，黑柳女士《窗边的小豆豆》中的校长 —— 小林宗作老师 —— 以前所未知的形象，不断涌入我的脑海。《窗边的小豆豆》成了畅销书，销量达到了惊人的六百万册，据说读者近千万。然而，社会上仍然存在一些失礼之人，不相信这部作品是一位艺人创作的，居然质疑"这本书究竟是谁实际创作的"！为了黑柳女士的名誉，我要说句公道话：事实上一字一句都是她亲手撰写的！她创作速度之快，真让我佩服。连载期间，她碰巧跟节目组一起去香港，在返程的飞机上，我坐在她旁边，又请她讲述小林老师的种种往事。交谈告一段落的时候，她突然说："对了，趁佐野先生在，把稿子写掉吧。"于是就在手头的纸上唰唰地写了起来，写成的就是《窗边的小豆豆》中"粉笔"这一节。我清楚记得她一边写一边向我确认：♪

是黑，♩是旗，♪是跳……

　　总之，《窗边的小豆豆》生动地展现了杰出教育家小林宗作是如何对待孩子的。也许有人会说，那不过是黑柳彻子一个女性眼中的人物形象罢了。但对我而言，她对小林宗作的描写，可谓破天荒的、突破条条框框的、让人们发挥无穷想象的、出色的"人物描写"。

第二章

小林宗作老师生平

明治二十六年（1893 年）六月十五日，小林宗作老师出生于群马县吾妻郡元岩岛村三岛大竹（现吾妻郡吾妻町）。父亲小林弥十郎在榛名山脚下风景秀丽的山村务农，育有五个子女：长女阿福、长子吉五郎、次女志羽、次子长十郎，宗作老师是三子，家中最小的孩子。

大姐阿福嫁到了岩岛村岩下大村的金子家，可是没有福分怀上宝宝。于是金子家就在昭和初年，把三弟收为了养子，所以小林宗作的原名就成了"金子宗作"。不过，著作及工作上则一直使用"小林宗作"这个名字。他虽然去当了养子，但是一直没有与养母共同生活。

次子长十郎从高崎市的高崎师范学校毕业后当了教师，供职于高崎市的一所小学。后来他入赘冢田家，再后来去了东京，一直担任小学校长。

兄弟俩都是教育工作者，但二哥是师范学校出身的教师，而宗作老师则是高等小学（八年制学校，即小学六年毕业后在同一所小学接受小学以上的教育）毕业后，通过教师资格鉴定考试获得的教师资格证。当然，从山村高等小学一毕业就当上代课老师并通过鉴定考试，成绩不好是做不到的。据说宗作老师在三岛小学的成绩非常优秀，而且尤其喜爱音乐，小时候经常在自家房前的河边挥舞指挥棒、唱歌。明治四十四年（1911年），宗作老师十八岁，初登小学讲坛，迈出了漫长教育生涯的第一步。不过，这对兄弟的经历差异，好像大大改变了两个人的思想。二哥走上了官学之路，弟弟则凭一己之力获得了"自由"。

金子巴先生的话

父亲（宗作老师）是在东京结的婚。大概就在父亲结婚的时候吧，二伯已经在群马当了学校老师。他跟父亲说："我也想去东京，能帮帮忙吗？"于是父亲就托了人，把二伯接过来在东京当老师，还住在一起。二伯去世比父亲晚，但直到父亲去世，他都跟父亲不投缘。原因是二伯这个人喜欢当童子军[1]、少年团[2]的团长，最后一直在上野那边当校长，经常来我家玩。每次来都要说"我都获得勋章了，你还没有吧"，两人经常吵架。就这样，兄弟俩却

---

1. 童子军（Boy Scout）既不是军队也不是军训，而是一种野外活动的训练方式，旨在培养青少年成为快乐、健康、有用的公民。该运动起源于美国，是美国国民素质教育重要组成部分之一。目前全世界约有 2.5 亿童子军。
2. 少年团，是通过户外集体活动训练、培养青少年的团体。20 世纪初，童子军活动在世界范围内展开。受其影响，从明治末期到大正初期日本各地也组成了各种少年团。

还经常走动，但每次见面必要吵架。真搞不懂他们的关系究竟是好还是差。不过，在我这个做儿子的看来，二伯总说"你爸爸这么干可不行哟"，在我幼小的心灵里，公立学校的校长就会显得了不起，我有时就会怀疑父亲干的事情是错的。

宗作老师的诞生地元岩岛村，是一个海拔七百米左右的山村，东南仰见榛名富士，北靠吾嬬山。吾妻川在涉川汇入利根川，溯流而上约三十公里，即可到达元岩岛村。当时，村里的主要作物只有麻、蚕茧、荞麦等，绝不富裕；尽管如今可以种植蒟蒻等，但因不能种植水稻作物，长期以来一直是一个贫瘠的山村。沿着吾妻川逆流西行不远处，就有吾妻峡谷、温泉，四季风光旖旎。

吾妻川的一条支流流经 145 号国道南侧，宗作老师的老家就是河边的一户农家。据说宗作老师小时候家里失火，把房子烧掉了。失火的原因没有查明，最终归咎于小宗作用火不慎引发火灾了事。为此，少年宗作不愿意在村里再待下去，搬到了群马县甘乐郡的下仁田町。在下仁田小学当上了代课教师，迈出了小学教师生涯的第一步。宗作老师酷爱音乐，梦想成为一名音乐教师，他坚持学习，在这里参加了教师资格证鉴定考试，取得了教师资格证。

当时，拥有钢琴的家庭凤毛麟角。在群马县的山区，有钢琴的地方只有学校。下仁田一带是只有下仁田小学才有钢琴。从东京来的演奏家开音乐会，也总是在下仁田小学举办。具体年月不清楚，约在大正初年，来下仁田小学举办音乐会的人里面有一位名叫中馆耕藏的先生。中馆先生后来和矢田部劲吉、武冈鹤代两位先生一起创办了国立音乐学校（现国立音乐大学），是一位名垂日本音乐教育史的人物。我猜想，就是那时，宗作老师从中馆先生那里听到了东京音乐界的各种事情，才萌生了去东京求学的念头。据金子巴先生说，宗作老师去东京音乐学校，可能就是中馆先生帮的忙。

当时的东京音乐学校（现在的东京艺术大学音乐学院）分为预科、本科、研究科、师范科、选科[1]，本科分声学专业和器乐专业，师范科分甲种和乙种进行教学。所谓甲种师范科是指中学四年毕业后的学生在校学习三年的学制，所谓乙种师范科是指两年高等小学的毕业生在校学习一年的学制。宗作老师就读的是乙种师范科，是大正五年（1916 年）入学的，时年二十三岁。

从前的音乐学校功课很难，因为学习音乐的人少，实行的是少数人的精英教育。如果入学考试没有人合格，整个系就空着不招生，极为严格。学校毕业生很少，与宗作老师同届毕业的学生，本科器乐专业十三名，甲种师范专业十九名，乙种

---

1. 选科，即选修学科，只选取某个学科的一部分课程学习，按照本科对待。

师范专业仅有两名。据说同一级入学的乙种师范专业学生原有十四名，可想而知毕业有多难。日后为宗作老师走上幼儿教育创造了契机的管风琴专业的真筱俊雄先生，就是他的同期生。

据小林惠子老师的资料记载，宗作老师大正六年（1917年）毕业于东京音乐学校，同年三月就职于东京府千寿第二小学，担任训导（正式教员），翌年八月调入东京市山吹小学，后于大正九年（1920年）转入私立成蹊学园小学部。关于他放弃公立小学调进私立小学的原因，小林惠子老师在论文里如是说：

> 如前所述，成蹊小学创立于大正四年，是一所在大正时代民主主义思潮背景下为追求新教育而创建的私立学校。创始人中村春二先生认为，"教育必须从小学抓起"，建校伊始就实行全员住校制，一个班级不许超过三十人，进行严格的教育。据说每天上午授课，下午去近郊远足，采集植物和昆虫标本、写生、做游戏、唱歌、听老师讲故事。中村春二先生尊重个性，营造与公立小学截然不同的自由氛围的教育方式对宗作老师的教育思想产生了巨大的影响。这所学校重视音乐，设有一个特别教室——音乐教室，里面有一架三角钢琴。这架三角钢琴是岩崎小弥太捐赠的，造型在当时很是别致。音乐教师中有真筱俊雄，就是他日后把小林宗作举荐给小原国芳（时任成城小学主

事[1]）的。这个时期小林老师在音乐教育方面引人关注的是音乐剧，就是面向儿童的轻喜剧，表演"桃太郎""断舌雀报恩记"等题材的民间故事。当时在大正民主主义思潮的背景下，相较于以"德性涵养"为目的的明治维新时期音乐教育，这个时期人们的观念已经发生了变化。人们试图把音乐教育提高到艺术教育的高度，使之能够反映儿童心声，影响更广。这年六月，铃木三重吉在与作家、诗人、作曲家的合作下创办了儿童文艺杂志《赤鸟》，北原白秋、西条八十、野口雨情等诗人和成田为三、弘田龙太郎、中山晋平等作曲家推动了童谣运动的发展。画家山本鼎也是在这一时期掀起了自由画运动。

当时，日本参加了第一次世界大战，个人被一点一点地改变成了为国家而生的个体。但是，这种统治在大正民主主义时代显现出了松动，尽管微乎其微，却带来了标榜"教育回归自由"的自由主义教育时代。这是中村春二、泽柳政太郎、小原国芳、羽仁元子等大名鼎鼎的教育家最为活跃的时代。宗作老师身处这样的时代，抱定同样的理念投身于教育，这是日本音乐教育的一大幸事。

宗作老师在这鲜花乍开的大好时代，与丰子喜结伉俪。

---

1. 主事，是在上级领导监督下在某机关或学校管理一定工作的职务。

宗作老师从东京音乐学校毕业后从教的第一所学校千寿第二小学，位于现在的东京都足立区千住宫元町。那个时期，他在小学教课，还在教会弹管风琴，在"周日学校"做兼职教师，在与孩子们接触的过程中，为日后创作轻音乐剧做了积累。当时，宗作老师寄宿在千住的蒲家大院的偏房里，丰子就是这家的千金小姐。

金子巴的话

母亲丰子是信州一座寺庙住持的女儿。长野县伊那市有一个名叫高远的小镇，是南信州首屈一指的樱花圣地，游客如云。母亲就是高远城主的菩提寺即峰山寺住持的长女，本名"丰次"，是一个像和尚一样的男性名字。外祖父蒲觉堂育有一男三女。峰山寺位于高远城遗址附近，里面有一尊名闻遐迩的不动尊，一直珍藏至今，相传由文觉上人[1]雕刻。

有趣的是，过去的寺庙仅凭施主的布施是维持不了生计的，所以还搞些副业。外祖父觉堂和一位施主一起创办了一家制药厂，生产一种从煤焦油中提炼出来的黑黢

---

1. 文觉上人（1139—1203），平安时代末期至镰仓时代初期的日本真言宗僧侣，俗名远藤盛远，为修复与弘法大师空海因缘颇深的神护寺做出了极大的贡献。

黢、黏糊糊的鱼石脂膏药，对跌打损伤有显著疗效。恰好碰上战争，膏药作为军需物资大量销售，外祖父一下子成了战争暴发户，用这些钱维持了本山[1]的经营。这家工厂位于三河岛，外祖父把信州的寺庙托付给弟弟打理，举家迁居到了千住。在千寿第二小学当老师的父亲就寄宿在他家。千住这个地方当时大概是一个相当先进的工业区，有钟渊纺织厂、服部钟表等企业。据说当时"辛格"[2]缝纫机公司首次把缝纫机推介进了日本，还借着宣传开设了培训教室，成了西式裁缝学校的鼻祖。家母上这家培训教室学习了西式裁缝。在家父的眼里，那个时代搞西式裁缝的姑娘家是很时髦的。听说家母原本是要继承寺庙的，可是在寺庙当住持的外祖父也看上了家父，觉得虽然家母是他的大女儿，但可以不考虑继承寺庙的事。于是家父家母就结婚了。这样一来，外祖父的二女儿就要继承寺庙了。可是二女儿结婚后，丈夫去了东京，在市政府（东京都政厅）工作。于是二女儿也无法继承寺庙了。当时外祖父觉堂去世，三女儿又体弱多病，最终是外祖母和弟子们一起打理寺庙的。外祖母去世后，我也就和母亲的家族渐渐地疏远了，最后断了来往。

---

1. 本山，日本佛教用语，是对各宗派根本道场之称。——编者注
2. 辛格，艾萨克·梅里特·辛格（Isaac Merritt Singer, 1811 — 1875），美国发明家。他改良了实用的家用缝纫机，并创建了辛格（另译"胜家"）家用缝纫机公司。

其实去年一月，峰山寺举行了盛大的法事。当时到处寻找蒲家血统的人，电话打到了我这里，说是蒲家已经没有人了，请我务必参加，我就去了一趟信州。法事在零下十五度的正殿中举行，实在是太冷了。

家母的妹妹原本是要继承寺庙的，所以姓了蒲，有两个儿子，名字叫蒲哲次、蒲修二，两人都是我的表弟。兄弟俩都在巴学园上学。记得我们好像叫他们"Kaba"来着。"蒲"这个字在寺庙里还念作"Gama"。而家父的名字一会儿叫"金子宗作"，一会儿叫"小林宗作"……这个家族真复杂。（笑）

我记得家父结婚后不久就在成蹊小学当老师，在学校创作、演出了各种各样的轻音乐剧。也许是因为当时很少有人会用缝纫机，据说轻音乐剧的戏服都是家母用缝纫机亲手做的。

家母是一个普普通通的妇女，一生平平凡凡，于昭和四十五年二月十三日离世。

当小学教师的苦恼

宗作老师辗转不定的小学教师生涯，到大正十二年（1923年）从成蹊学园小学部离职时结束了。那年他三十岁，前一年长女美音子出生，家庭生活和教育事业正要扬帆起航。可宗作老师为什么偏偏在这个时候辞去了小学的工作呢？

让我们从宗作老师撰写的一些著作中梳理一下原因。

我的烦恼

我曾经梦想成为一位音乐教师并为此发奋学习。明治四十四年我作为一名音乐教师初登讲台。从那时起到大正十二年，我一直在现在成蹊高中的前身成蹊小学度过。最后的五年我终于无法忍受继续当音乐教师了，让我切身感受到孩子们会茁壮成长，前提是老师好，孩子们才能尽情成长……（中略）我成器了吗？我有足够资质指导蕴藏无限成长潜力的孩子们吗？我……很苦恼……

那段时间，我把有名的音乐教师的教学观摩了一个遍……我没有觉得自己特别差……但音乐教育这样下去行吗？……最终我不再认可我自己，便于大正十二年辞去了音乐教师的工作。

我在苦恼什么？

当时，普通小学一年级的八名女同学同时开始弹《拜厄钢琴教程》，半年过去，八个人全都弹完了。野边地君（野边地瓜丸、钢琴家）三年才弹完《车尔尼 599 钢琴练习曲》。其中的 No.30，她们一夜就弹完了。不是说弹得好，但弹得没有错，而她们离毕业还有三年！在那个年代，即便是音乐学校的预科班，弹不完拜厄的也不是一两人。

更成问题的是，把纸和铅笔发给孩子们，他们就会随意乱写乱画。因为是刚刚开始写字画画，不论拼写还是自由选题，可以想写什么就写什么，想画什么就画什么，表现力相当好。

让孩子作诗……一位画家的八岁的女儿 Y 姑娘写的诗是：

爸爸　从山里　到海边
每次写生都挣钱

我彻底郁闷了。

为什么只有音乐课总是没完没了地练习"嘭嘭嘭——开始！""do re mi fa——开始！"？

我的长女碰巧三岁。心情好的时候，嘴里就会一天到晚一刻不停地冒出些莫名其妙的话语，调子古怪，不知她是在唱还是在说。

我恍然大悟，关键就在这里！

我巡回考察也从那时开始了。

我悟到自己回天乏术。

我最终辞去了音乐教师的差事。

我听到了自己发自身心的呐喊：从头再来！从头再来！

我抱着不管三七二十一先看了先进的欧洲再说的想法，离开了日本。结果如何尚不确定，事实上我离开日本时目的很模糊。

——摘自小林宗作《欧美音乐教育界之相》，
载《学校音乐》，昭和九年（1934年）第二卷八号

成蹊小学时代是充溢着自由主义教育的时代。照理，宗作老师在学校应该是随心所欲地施展了身手的。然而对他而言，包括在成蹊小学的最后那五年，成了他作为音乐教师最煎熬的岁月。因为他意识到了"音乐教育从小学开始为时已晚"，他的心里产生了一个巨大的疑问：循规蹈矩地执行文部省规定的教学大纲，还能进行真正的音乐教育吗？他完全不知道从何处着手才好。音乐的确具有陶冶情操的强大力量，可为什么在学

校的音乐教育中，这种力量却不能以令人满意的形式发挥出来呢？人是在整个成长过程中感受音乐的，怎样才能把音乐的感性传递给孩子呢？宗作老师试图在这个宏观格局中思考音乐教育。而在当时，教授音乐只是一门课，是赋予小学的一项义务。这样的小学音乐教育的内容与宗作老师的理念是格格不入的。越是亦步亦趋紧跟教学大纲，宗作老师的苦恼就越大。

现在的学习科目名目繁多，教师和孩子都身心疲惫。孩子们整天疲于上课，背着作业回家。现状如此，孩子们怎能健康成长？

体操、钢琴、写作、物理……

美术、音乐、积木、工艺……

搭积木、数学、手工、图画……

难道不需要教师指导孩子们相互理解、互帮互助吗？

—— 摘自《教育改革之关键》章节，

载昭和十四年（1929年）四月蜡刻版《综合节奏教育》

可见，宗作老师的嗟叹和烦恼大概在成蹊小学时代就日积月累，越积越深了。

十多年来，我梦想当一个理想的音乐老师，自认为一直在为了技能、教学法、读书请教前辈，孜孜矻矻地努力，然而最终却连让我自己满意都没能做到。

—— 摘自小林宗作《达尔克罗兹新音乐教学法》，

载《教育问题研究》六五号，大正十四年（1925年）四月

……我想提出一个音乐教育上的颇为重要的问题，请各位方家赐教。这个问题就是：现在的音乐教育，从幼儿园到小学的七八年中只教唱歌，就结果而言，能说这就是正确的音乐教学法吗？对此我是存疑的……

—— 摘自《论幼儿园教育之可否》，

载《全人》第三十三期，昭和四年（1929年）四月

据我观察，幼儿本能节奏感和乐感的所有缺陷全都隐藏在幼儿园高年级和小学一年级的指导方法之中。这个时期是一个中间期，是孩子们很快就要向内在需求和音乐教学法转移的时期，而这种内在需求和音乐教学法，需要孩子们分析、综合节奏感、乐感的各种能力相互协同。

—— 摘自《幼儿的节奏与教育》

宗作老师的心中点燃了幼儿教育的一盏灯火，渐渐地，这星火燎原了。他决心从小学辞职，再度寻觅教育的本源。不能长此以往，但怎么做才好呢？有什么办法吗？他一筹莫展。但他再也无法继续欺骗自己……一直让宗作老师的心灵备受煎熬

的不是别的，正是纯粹教育之理想。他一定也跟很多老师商量过，但却没有一个人能理解宗作老师的格局之大，没有一个人能解除宗作老师的苦恼。

曾经，我试图从音乐教师转向幼儿教育研究的时候，一位朋友真心实意地劝我不要好高骛远。他说，你当一个音乐教师的素质和技能，我们全体教师都很佩服。可是你要当一个纯粹的教育家，也许就有风险了。因为你要精通语文、理科及其他各种学科。他满含热泪，苦口婆心地给我忠告。他的亲善感人肺腑，我由衷地喜悦，但内心深处又感到了一种莫名的寂寥，心想，还真有这样的教育工作者……于是我回答道："比方说盖房子，即使把立桩柱、葺屋顶、刷墙壁、铺榻榻米这类活儿分别交给专业的工匠，房子也能建得漂漂亮亮，而工程师却在连地基都没有打好的时候，从上梁到客厅装修，乃至厨房、浴室，就已经成竹在胸了。"

这也许是个极端的例子，但我认为，很多人或多或少都有这种倾向。这种倾向不会对幼儿教育产生直接影响，但教育观念的根儿上存在错误，必将导致其他方方面面的错误。这是不争的事实。

——摘自前述《论幼儿园教育之可否》

从结果上看，现实中大多数日本人都认为音乐教育只是学生时代的事情。

现在又是怎样一种情形呢？我本人已经不上小学了，不了解准确的情况，但跟当时比，至少音乐教学法已经发生了变革，不可同日而语了。不过，现在音乐课上仍旧采用打分法。而且中学入学考试要考音乐，形式是笔试。笔试，需要考生有音乐知识。但知识再多，也跟音乐的感受性没有直接关系。孩子即便对音乐知识一窍不通，照样可以喜爱音乐。不识谱而能演奏乐器的孩子大有人在。在我负责的"彻子的房间"节目中出镜的都是世界一流的优秀音乐家。他们中间就有很多人说，学校的音乐课很无聊，自己的成绩也不好。为什么呢？理由可能有很多，但我认为最大的原因在于音乐、绘画类艺术教学居然是采取打分制进行评价的。

难道声音不好，歌唱得不好，就要给孩子低评价吗？难道乐器演奏得不好，就是个差生吗？何况考了音乐理论，就能了解孩子的音乐才华了吗？难道小时候对音乐不感兴趣，长大就一定不喜欢音乐吗？

这里不胜惶恐地说说我自己。我们的小学时代只有唱歌课。而且，那个时代所谓的音乐教育，是把"do mi sol"的和声说成轰炸机，把"do fa la"的和声说成舰载飞机的，听到和声，就让我们对上敌机种类。

战后我考上了横滨商业学校（现横滨国立大学经济系），

一次偶然的机会，合唱部邀我参加了一场录制唱片的音乐会。我被音乐的力量攫住了。那时我才第一次知道了巴赫这位作曲家的名字，那年我十八岁。打那以后我一心想演奏巴赫的曲子，才第一次学钢琴，就迷上了，产生了学音乐的强烈愿望。二年级时我便从横滨国立大学退学了。父亲暴怒，悲伤叹息后与我断绝了父子关系。尔后的一年中，我每天打工学习，拼死拼活。很多人告诫我，东京艺术大学可不是外行轻易进得去的。可是除了国立[1]大学，就没有我付得起每月学费的地方了。这是艰苦的一年，但也是充实的一年，没有丝毫厌倦。因为我得以全部身心地投入自己喜欢的音乐之中，第二年，我竟考进了东京艺术大学。

入学以后我惊呆了，这里真不是我这种速成者去的地方。同学们个个才华横溢，从小就打下了扎实的音乐基础。尽管我不懈努力毕业了，但艺大的同学们却以各种形式在方方面面向我展示了"音乐不可不从小打牢扎实基础"的真谛，而且教给了我什么是音乐的基础：那就是培养自己拥有一颗感知"音乐之美"的心灵。

在东京艺术大学的四年，是我经济拮据的四年，也是我人生中收获颇丰的四年。我虽起步很晚，但也领悟到了音乐的魅力。对我而言，日本音乐听起来非常新鲜。于是我沉湎其中，

---

1. 国立，读作"こくりつ"，指由政府直接设立。——编者注

不能自拔。值得庆幸的是，东京艺术大学设有邦乐[1]专业，学生人数很少，优秀教师很多。教筝曲的宫城道雄老师，教三味线[2]的山田抄太郎老师，还有教能乐[3]、雅乐[4]的许多老师……托了他们的福荫，我坚持学习，不知不觉来到了这些音乐的源头——印度音乐。最终我把印度音乐当成了毕业论文的专业方向。

拙妻比我早毕业一年，毕业后开始教钢琴。看到她的学生们，我决心不让学生重蹈我学音乐的悲惨覆辙，遂开始从事起儿童教育。最初几年，我完全是摸着石子过河，反反复复实验。昭和二十七年（1952 年）、昭和二十八年（1953 年）前后，提到体态律动，人们只知道就是像丹麦体操那样的音乐体操。说到视唱教学法，几乎所有家长都会问何为视唱教学法。所以，我首先得从与家长沟通开始。后来我入职朝日电视台（原日本教育电视台），进了电视节目制作现场。就是在这个时期，

1. 邦乐，指日本民乐。
2. 三味线，日本传统弦乐器，相传其前身为 16 世纪传入日本的中国三弦。由细长的琴杆和方形的音箱两部分组成。音箱两面蒙猫皮或狗皮，长颈。琴杆张弦三根，用水牛角、象牙或黄杨木制大拨子弹奏。常用以伴奏戏剧和歌唱。
3. 能乐，日本最具有代表性的传统艺术形式之一。是"古代日本本土艺能与外来艺能之集大成"。广义的能乐包括能与狂言两种，过去两者每每同台演出，但现在两者基本上已经分开了。能乐是极具宗教色彩的假面艺术，具有浓重的悲剧色彩，多数以历史名人和历史事件为主题。狂言是在能乐演出时每场之间以对话为主的滑稽剧，其内容大多是有关大名和市民的故事。在 1868 年明治维新之前，能乐一直被称作"猿乐"，明治维新之后称能乐。
4. 雅乐，日本古代歌舞音乐的总称，尤指日本宫廷音乐及其伴奏。包括奈良时代从古代中国、朝鲜传入日本的唐乐和高丽乐，以及日本古代的传统歌舞，例如东游、人长舞、久米舞、五节舞等。

我真正对如何才能搞好儿童教育产生了疑问。直到大约十年后，我才知道小林宗作这位杰出的教育家。

我小时候很喜欢独自一人瞎吹口琴，一点都不喜欢学校的音乐课。能在十八岁时知道巴赫，是件非常幸福的事。而且，我跟观世三兄弟——寿夫（已故）、弟弟荣夫、静夫（现名铁之丞），跟宝生流的三川泉、近藤乾之助，跟狂言的野村兄弟——万之丞、万作等能乐界极为杰出的人物是同一代人，大家志趣相投，并得以接触到能乐的开山鼻祖世阿弥元清的传记，现在回想起来，这些都是可遇不可求的幸福。

结合自己的心路历程，我认为，绝对不能凭学校音乐课的分数对一个人的音乐才华进行评价。

我认为，小学开始的音乐教育必须做的事情是"不让孩子讨厌音乐"。幼儿时期人人都对会音乐做出反应，可到了七八岁却变得麻木了。这种现象从宗作老师的年代起，至今没有丝毫改变过。更何况在现在这种考试体制下，学生想要脱颖而出，势必会冷落艺术课。然而没有对美的感受，又如何构建丰富多彩的人生呢？宗作老师一直坚持呼吁：不要拘泥于眼前！要放眼二十年后！基础，要在比小学年龄更小的幼儿园期间打好，可以说，要考虑必须把良种播在精心耕耘的田里，这是理所当然的事。

幼儿的能力

一年中，动物通过发情、妊娠、分娩感知季节，雄性和雌性在呼唤求偶中区别使用各种各样的声音。这意味着它们能够识别音的高低，感受到时光的流动。然而人类在此之上还能够准确切分"流逝的时光"：时而非常规则地，时而有意不规则地。人类大脑中有一个切分时间的计测器，在反复刻记的过程中会加上音调高低流动，并因此感知到快感，产生追求这种快感的欲望。

另一方面，所有物质的存在都建立在"轮回"之上，轮回意味着在时间中的循环往复，可以产生周期，产生波。

电是波，色彩是波，声音是波，呼吸也产生波，心脏的搏动也产生波，心理活动也产生波。

当这种波动从人类感官进入体内，会使肉体产生快感，使心灵产生感动，这时人就会从中认识到"美"。可以说，人类的感性正是通过更多地了解这种认识能力的多样性培养起来的。把多种波动产生的感性综合起来，人类就会产生种种欲望，并为满足这些欲望而努力。这就是人类，而人类也因此造就了丰富多彩的生活。

让我们把这种能够发展得丰富多彩的感性，更多更深地灌输到孩子们可塑性极强的大脑里去吧。那样，孩子们与生俱来的潜能，就会得到更大的发展。而这种潜能的根源，正是在"循环反复"之中产生出来的"节奏"。所以，教授音乐并非只教授音乐本身。音乐也许不过是素材之一，但是这种素材已经把形成人类生命的"节奏"作为骨骼内置到了人体里，所以，它是所有塑造人格教育的基础。宗作老师强烈地认识到这一点，坚信以节奏为基础的音乐教育一定会延伸到所有学科中去，并坚持在自然规律中寻找音乐教育的方法论。

宗作老师写过一篇题为《幼儿的节奏与教育》的论文（小林宗作著，载《幼儿教育全集》第七卷，昭和十三年〈1938年〉发行）。文章的开头就是一句名言：

人的身体是一台美妙精巧的机器，心是它的司机。

接下来，是一连串感人的名言：

再精美绝伦的机器，对不懂驾驭术的人而言，就是乞丐讨饭时用的金饭碗。

若钢琴演奏、跳舞、绘画、书法等拙劣，不是身体不听使唤，就是心里没有理解。

体态律动是让身体机械组织更加精巧的游戏。

体态律动是把驾驭术传授给心理的游戏。

体态律动是让身心领悟节奏的游戏。

节奏用神奇的力量统治人生和宇宙。

领悟了节奏，就能很好地理解音乐、舞蹈、绘画、书法，因为所有这些皆以节奏为生命，以节奏为元素，无分上下。

进行体态律动训练，性格也会变得有节律。富有节律的性格优美、强大，毫无矫饰地顺从自然规律。

体态律动是艺术的体操，与保健的体操带来的健康共同作用，可以让理解感情的真正文化人获得健康的体魄。

现代的教育过于依赖文字和语言，使孩子们用心观察自然、倾听神的呢喃、触发灵感的身体功能产生了退化。难道不是吗？

宗作老师解释了体态律动的卓越之处，对有心人而言，所见、所闻、所触皆可以成为博士论文的素材、诗歌的素材、绘画的素材。然而可怕的是，世上却有这类人：

有眼不识美，有耳不闻乐，有心不解真，既无感动，又无激情。

真是令人嗟叹。而对人类而言，对所见、所闻、所触无一不感兴趣的正是"幼儿"。文章接下去又是妙语连珠：

婴儿说出来的只言片语，一如其语，言简意赅，深得要领，甚妙！

接下来，宗作老师简明扼要地阐述了为什么需要幼儿教育。

我重视节奏教育基于如下原因：不论任何事情，要把我们的思想付诸行动，不通过肉体的运动、肌肉的运动是做不到的。依据这个事实，首先要做的就是提前训练肉体，使之能够自如地表达思想。播种前须先耕耘。

幼儿的动作是纯粹的肌肉性、机械性运动。年纪越小，行为就越是先于思维……我们要学习这种心理学，把幼年时代作为开发才能的最佳时机。

当今之教育界，已经把如何在所有课程中开发幼儿期的才能当作重大课题加以研究，而不再局限于音乐课程了。毋庸置疑，大脑生理学的飞跃发展作为一股巨大力量为此做出了贡献。然而，在人们如此这般研究大脑的功能之前，教育工作者就已经知道，幼儿的发育阶段在教育中具有举足轻重的作用。日本自古就有"学艺六岁六月六日始"的说法。即便单就音乐教育而论，全世界的教育家都在致力于如何合理、高效率地构建幼儿教育体系。

比如现在，下列三种教学法已经成为欧洲音乐教育体系的代表，被当作"三大教学法"纳入了大学教育课程之中。一是达尔克罗兹的"体态律动教学法"，二是匈牙利作曲家佐尔丹·柯达伊[1]创立的"柯达伊教学法"，三是日本人铃木镇一实践的"铃木教学法"。除此之外，还有卡尔·奥尔夫[2]提倡的五声音阶与节奏教育法以及最近在美国陆续开发出来的钢琴教育法等。

在日本鲜有人知的这些教学法中，"铃木教学法"在全世界大获好评。那么，为什么铃木镇一先生在日本的教育界却得不

---

1. 佐尔丹·柯达伊（Zoltán Kodály, 1882－1967），匈牙利著名作曲家、民族音乐学家、哲学家和音乐教育家，从事青少年音乐教育事业。在他的努力下，音乐课成为学校课程的有机组成部分。他强调，音乐教育是生活中不可或缺的、人们与生俱来的权利。著名的柯达伊教学法享誉全球。
2. 卡尔·奥尔夫（Carl Orff, 1895－1982），德国人，当代世界著名的作曲家、音乐教育家。受达尔克罗兹体态律动和现代舞蹈的启发，1924年，奥尔夫与舞蹈家军特（Dororee Gunthen）创办了"军特体操·音乐舞蹈学校"探求体操、音乐与舞蹈的紧密结合。奥尔夫致力于音乐创作及教学，所撰音乐教程和独创一格的儿童音乐教学体系，从节奏训练和即兴演奏着手，启发儿童学习音乐的兴趣和自觉性，为世界各国广泛采用。

到最好评价呢？为什么他在欧美各大学被奉为圭臬，在日本却鲜为人知呢？日本教育的历史与现状、教育与社会的关系等内在问题堆积如山，等什么时候有机会了，再来总结这个问题。

归根结底，上述教育体系中的各种方法，全都源自对幼儿时期教师应该教给孩子什么的追求。说起来，没有比这更理所当然的了。孩子一出生就开始模仿父母而成长。所以，如果从小就进行良好教育，人的能力无疑会不断提高。然而，优秀的教育家们都有一个很大的共同点，那就是不认为这个理所当然就是理所当然。他们普遍持有一个疑问："为什么这是理所当然的？"而且一直在研究、探明这个"理所当然"的缘由。

在前述《幼儿的节奏与教育》一文中，宗作老师说道：

古池塘啊！有青蛙跳入。水的声音呀。[1] —— 见过青蛙跳入池塘现象的人肯定不止芭蕉一人……

古今东西，见过烧水的铁壶冒蒸汽的人，见过苹果掉落地上的人，肯定不止瓦特和牛顿……

在匠心独具的画家眼里，所见所触无一不是绘画的素材。

川村瑞轩，难道不是眼见江户大火，拔腿向木曾飞奔

---

1. 日本著名俳句诗人松尾芭蕉的千古名句"古池や蛙飞びこむ水の音"的汉译文。

的吗？[1]

如是种种，伟人从不片面看事物的表象，总在思考现象背后蕴藏着什么，现象会带来什么。因此，对宗作老师而言，体态律动不是培养音乐才华的教学法，而是使一个人所具备的才能得到全面的、更大发展的方法。

铃木教学法所涉及的小提琴教学亦如此。提到铃木教学法，我们普通日本人都会先入为主地认为这是一种"小提琴的英才教育"。其实，这只是一个巧合，铃木镇一先生喜欢小提琴，就把自己小提琴的一技之长当成了开发孩子潜能的手段。因为他的这个教学法出类拔萃，日本培育出了大批享誉世界的小提琴大家。

铃木教学法的根本思想是"孩子的能力本身没有差异。所有孩子都具有同样的能力。之所以长大成人后出现了差异，实为环境和教育使然"。铃木先生之所以注意到这些，原因很简单。日语号称世界最难的语言之一，但日本的孩子却人人都能说得好；大阪的孩子都能讲好大阪方言，德国的孩子都能讲好

---

1. 川村瑞轩（1618—1699），伊势人，江户时代前期商人，曾在江户经营木材，"明历大火"后在木曾囤积大量木材并获巨利，成为豪商。他懂海运、水利，受幕府之命开辟环东、西海岸的两大航线，并修整疏通淀川、安治川等水道。明历大火发生在明历三年（1657年）三月三日，持续两天，是日本历史上一次重大灾难，起因是当时有寺庙为一位已故少女做法事，火化时正赶上大风，火势蔓延，烧毁了整座城市的三分之二，死伤达10万人以上。

德语，意大利的孩子都能讲好意大利语。铃木先生意识到了这些，并把惊诧的目光投向了这些现象，由此打开了思路。不过是一件"理所当然"的事情而已，却产生出了一套研究方法。

能讲好语言的普通孩子都有一个优秀的头脑。

母语教育在所有人身上都能获得成功，不会造成任何人落伍。根据母语教育所显示的教育条件创造出的教学方法，可以培养所有人。

——摘自铃木镇一《人与才能》

换句话说就是：三四岁时就有能力运用一两千个词语说话的孩子，长大了怎么会变成"落后生"呢？！既然能说好母语，那么出现落后生的原因就不能归咎于孩子本人，而在于教学法的失误。而且，孩子为什么会记住语言呢？那是因为孩子从出生的那一刻开始就不断重复这样的过程：成千上万遍地听父母及家人说话，用身体感知，用大脑记忆。

铃木先生受此启发，把以下五种基本方法同时并进地用到了教育上。

一、尽早开始

二、利用更好的环境

三、接受更优秀的导师

四、运用更正确的指导方法

五、进行更多的训练

如果把上述五项方法有机融合培养孩子，就能真正开发出孩子们的非凡能力。

从结果上看，铃木教学法因培育出了江藤俊哉、丰田耕儿、小林健次、小林武史等世界级的著名小提琴家而被误解成了小提琴天才教育法。这也佐证了日本人观察事物的狭隘，只从一个方面看到部分结果就对事物做出评价。更有甚者，人们原本可以利用自己擅长的项目，来把铃木教学法作为教学手段的，因此无论是小提琴、钢琴、体操、绘画、数学，铃木教学法的适用领域广泛，包罗万象。然而却有人发问：铃木教学法虽然培养出了众多天才小提琴家，但在钢琴界不是没有培育出人才吗？因为这样的误解，就导致了钢琴鼎盛的日本音乐教育界几乎没有老师了解铃木教学法。

然而，日本音乐教育的大半壁江山，是孩子们学习"钢琴"这一种乐器撑起来的。而不论什么乐器，想要得心应手地驾驭它，都需要经过超乎寻常的训练。不仅是乐器，要娴熟地驾驭人类使用的任何"工具"，都需要与之相应的技术和练习。哪怕使用一把锯子、一把刨子，也要费九牛二虎之力才能用好。艺术更只有在习得了技能的基础上，才能拿出自己想表现的作品，玩儿是玩儿不会的。

不过，玩儿也是需要的，如果练习是一件快乐的事情，那么任何人都能习得技能。打个比方，用两根筷子夹起饭碗中的米饭，可以准确地送入口中，没有人会把米饭送进鼻子里。这是因为手腕和手指已经完全习得了这个动作。所谓技术、技能不外乎就是这种重复积累的结果。个人的感性、欲望、天赋等通过这些技能表现出来的时候，艺术就会化为作品呈现出来。

所以，即使自家孩子学钢琴一点没长进，家长也大可不必烦恼，怀疑自己的孩子没有音乐天赋。不擅长钢琴却极富音乐天赋的孩子比比皆是。孩子都是喜欢音乐的。假如正在学习乐器、技艺[1]，却又学不好，恐怕就是因为没有"更优秀的导师""运用更正确的指导方法"指导孩子快乐地进行"更多的训练"之缘故。

之所以《窗边的小豆豆》感动了千万人，也是因为黑柳女士生动地刻画出了小林老师的形象。小林老师对待"所有孩子一律平等"，不论残疾孩子、调皮孩子、有才能的孩子、没才能的孩子，他都会仔细观察，绝不因为任何天资差异而歧视孩子。

读了《窗边的小豆豆》的后记，就能清楚地知道小林老师是如何以体态律动这个抓手为主线，发展好每个孩子的才能并获得成功的；知道小林老师是如何一连四个小时倾听小学一年

---

1. 技艺，这里指茶道、花道、舞蹈、三味线等。

级学生黑柳彻子小朋友说话，倾听孩子们讲运动会的故事，倾听小儿麻痹症患者泰明小朋友说话，倾听小朋友讲述不慎把钱包掉进茅坑里的故事……他从不把孩子看作孩子，而是当作具有独立人格的"小大人"看待。

在成人社会中，只要不是坏人，不管对方多么令人厌恶，我们都会把他当作一个人去交往，相互忍让，相处下去。所以，即使是一个令人厌恶的人，也不会认为自己遭人厌恶，从而堂而皇之地在社会上生存下去。更何况在孩子们的世界中，没有一个"天生的坏人"，只要倾听每个孩子的心声，把准每个孩子的性格，把他们当作一个人去培养，就不会出现任何一个"落后生"。可以说，小林宗作老师还是一位决不培养落后生的教育家。因此，小林宗作老师的想法，与卢梭所言"人类的教育始于出生的那一刻"如出一辙，与铃木镇一先生的"尽早开始"不谋而合，即：教育，要从孩子出生的那一刻开始，甚或从在母亲腹中的时候开始。

在《幼儿的节奏与教育》中，小林宗作老师对婴幼儿时期做了如下划分，思考与之相应的教育方法。

一、摇篮期

1.1 摇篮曲

这个时期，婴儿耳朵不能识别但身体可以感受到节奏。母亲哼唱摇篮曲是为了给自己的动作配上节奏。

1.2 运动

六个月左右的婴儿听到音乐会手舞足蹈，全身跃动。

二、单语学语期

2.1 继全身跃动之后，婴儿开始带有某种旋律地"噢噢"哼歌。这是旋律的萌芽，很快就会与单语结合起来。

2.2 音乐环境

对婴儿未来产生音乐兴趣、形成情感品位有着超乎想象的影响。

2.3 有节奏的活动

跃动很快就会发展到富有节奏的进行曲阶段。

2.4 即兴曲

上述旋律的萌芽实际上就是即兴的旋律，宛如鸟儿鸣啭，是天生的音乐。要有培育的方法，不可有所损伤。

语言发育首先始于单语。

音乐的发育也始于小节。就像没有婴儿是从语法开始学习语言一样，旋律的自然发育也没有必要从学作曲开始。

三、模仿唱歌期

四五岁为前期，五至七岁为后期。

前期：

需要以孩子因想唱而唱，而非学习意义上的模仿这样的态度对待孩子，绝不能采取教孩子唱、让孩子学唱的态度。

3.1 创造学习环境

选择简短单纯的曲目，要考虑到幼儿的肺活量和肺部能力，考虑到幼儿的持续能力和注意力、记忆力等。亦可利用唱片。

3.2 节奏运动

这个时期在心理上属于纯肌肉性、机械性活动时期。因此，教会一些节奏表现方法，孩子们就会欣然起舞，节奏运动有显著发展。

后期：

六七岁，是孩子处在肉体能量和精神能量相结合的时期，也是智慧创造的萌芽期，还是对物体的数量、形态、事物的特性等产生兴趣的时期，亦是形成注意力习惯的时期。我认为这个时期是一个重要的分水岭，指导得如何将直接影响到孩子的能力是止于单纯模仿，还是不断发展，直到完成想象力、创造力和表现力的全面发育。（以下略）

上述分类法出自前述《幼儿的节奏与教育》一文。据说该论文是在昭和九年（1934年）出版的油印小册子《低学年和幼儿的音乐教育》的基础上撰写而成。此处对比了两种版本，摘出了要点。

这种划分的根本思想不仅仅是思考，还是用敏锐的观察力对我们日常生活中很容易被不经意间忽略掉的事物进行不间断洞察的结果。达尔克罗兹开始思考体态律动的动机，柯达伊把匈牙利的儿歌当作基础，奥尔夫"让所有的孩子学会音乐"的愿望……所有这一切，通通源自对"作曲和创作是天才的事"这种"理所当然"的认识的质疑和探究。

宗作老师也对孩子们成长过程中的那些一般认为当然可以忽略的细节予以注意，深刻观察，从而心生疑问，并写下了记录。也许，这就是产生上述婴幼儿时期教育方法的基础。

宗作老师曾在昭和七年（1932年）发行的杂志《可爱的孩子》第8期上发表过一篇题为《幼儿的音乐性》的小论文，把他培养自己的子女时是如何既当教师又当父亲的情形呈现给我们。

现在我家有一个出生九个月的女儿。这孩子每次经过客厅时，不进一趟这个房间就不干。路过十次进去十次，重复率百分之百。这是事实。而且每次进了客厅，她都会让父母、保姆抱着自己坐在钢琴前，然后用她那枫叶般的小手"砰砰"地敲击琴键，嘴里发出"咯咯"的声音，全身扭动，非常欢乐。

在女儿六个月的时候，我第一次给她放留声机的唱片。在她哭闹的时候，一放唱片她定会高兴起来。而且我发现，唱片的音乐不同，她的情绪的平复也会因之产生很大差异。似乎与通常想法不同的是，放歌曲唱片时她无动于衷，哪怕是世界一流声乐家的演唱。反应最明显的是钢琴独奏，即使是同一首独奏曲，她的反应也会因演奏家的不同而发生变化。最近两三个月，我几乎每天都在进行实验观察。同样是《土耳其进行曲》，对帕德雷夫斯基的演奏和布莱洛夫斯基的演奏，她的反应是不同的。听到帕德雷夫斯基的演奏，她会摇头，并伴随着握拳的身体动作；但听到布莱洛夫斯基的演奏，她则会从腹腔底部开始进行全身跃动。

无论她怎么哭闹，只要一放唱片，她就会停止哭泣，同时开始全身跃动。但播放的唱片是歌曲时，她就未必每次都会停止哭泣，有时甚至停止哭泣后会再次哭起来。

排在钢琴之后的是交响乐。即便不是进行曲，只要演奏节奏感强，她也会高兴起来。不过，她听小提琴独奏曲，却不大高兴得起来。

这段时间，不论是听歌曲唱片还是听到大孩子们唱歌，她都开始做出点跃动反应了。这段时间她还听得出笛子吹奏了。笛声一响，她的脸上就会充满一种难以名状的喜悦，表情神秘。

很遗憾，我没有充分关注这个孩子出生后前六个月的状态。在兄弟姐妹四个当中数她的玩具最少，也不能认为她的音乐环境得天独厚。即便如此，听到留声机、钢琴的音乐，她的反应就会变成全身的跃动，让人感同身受地认识到，这种反应是如此之本能。幼儿听声音，全身是耳朵。

这个女儿出生不久我就发现，她在哭的时候，手、脚、肚子，全身的肌肉都在收缩，把力量集中到声音上来。她是在用全身哭泣。生气的时候，高兴的时候，跃动的时候，都是用全身表达的。孩子长大一点后，就只用面部哭泣了；再长大一点后，就只用眼睛哭泣了；再长大一点后，就在心里哭泣，完全不表露出来了。好像社会上管这种叫有修养的人。

我认为，幼儿肌体所拥有的令人惊叹的敏感性和协调性，在教育上应予特别重视。这种敏感性和协调性必然带来肌体对音乐的反应。基于这个原因，我认为，钢琴最富弹性而能使幼儿喜悦，而欣赏歌曲，则必须经过复杂的心理过程。

现在我的长女已经十一岁了。她还在蹒跚学步的时候，弹起钢琴来会巧妙地变调，着实令我折服。她弹高音时会适时恰当地滑到低音，旋即又转到高音。

这个女儿三四岁那会儿，外出散步或玩玩具，心情好的时候，嘴里总是蹦几个前后不搭的词儿，唱成旋律。妻子常常笑她说："这孩子满嘴胡咧瞎哼呢！"而我则每次听到都会对妻子嗔道："那可不是胡咧瞎哼，而是很好的旋律。那才是真正的音乐呢！"

但凡和幼儿有接触的人，谁都遇到过幼儿哼唱"胡咧瞎哼"的旋律。但这种旋律恰恰并非胡咧瞎哼，从作曲学角度看是相当工整的。我认为，幼儿的即兴旋律极其自然，比半吊子作曲家的作品更少矫饰。

那段时间，我在成蹊小学当音乐教师。开始观察幼儿的音乐感受性后，我看到了幼儿的音乐感受性与我在上课时所观察到的一年级学生的音乐感受性间实际上存在着巨大差异。这个结果令人沮丧。我注意到一年级学生的两种情况：幼儿的音乐敏感性不知不觉地消失，或这种敏感性和协调性仍比五六年级学生充满生气，但随着一天天长大日渐消失。

我才浅学疏，对此束手无策，所以把音乐教师当作终身职业，让我情何以堪？于是我辞职了。然后，我开始研究幼儿园，依旧日日痛感研究音乐教育的必要性。十年过去了，今天，我终于对如何进行幼儿音乐教育多少有了几分信心。传统幼儿园所采用的教学法，完全不能让我放下心来。

我家有个儿子，今年七岁。三岁左右的时候，留声机一响，他就会面红耳赤，两眼发直，呼吸加快。我以为唱片选得不好，就十分注意地观察起来，于是看到他愈发亢奋，最后竟抱住唱片"呜呜"地叫唤。我照看他的时候，他常常让我唱《宝宝是个乖孩子》。我唱了两三遍以后他又让我换一首。就这样，他一首一首地要我唱了很多歌。

这个儿子，还有前面说的长女，看看他们的今时今日，不会再有人认为他们是音乐感知力好的孩子了。

我什么时候错失了重要时机？不，重要时机出现在几岁？这种变化是令人沮丧的，还是天经地义的？我至今不得其解。

三四岁的孩子还保留着敏感性和协调性，可到了七八岁就已经淡化了，目睹这种情况之后，我想，问题就出在五六岁这个时期了。

基于这个原因，我现在认为，五六岁这个时期的音乐教育是一生中最为重要的。据我观察，这些孩子自然的、自发的音乐感知力逐步成熟起来，终于要转化成完善的音乐素养的时候，就需要做好必要的准备去学习形式完备的音乐了。然而这样的准备在现如今的小学音乐教育中，可以说是完全欠缺的。而且，纵观幼儿园的音乐教育，并没有实行可以完成这种准备的教学法。

如此培养出来的人，"do re mi fa"反复练了几百遍，也不懂接触音乐核心的诀窍；曲子学了几百首，几年后也会成为被音乐之神抛弃的人。

我认为，必须在孩子五六岁的时候教会他们接触音乐的诀窍。（以下略）

宗作老师为一本杂志撰写的这篇文章，绝不仅仅是一部幼儿观察记录，从发展心理学的角度来看，它为我们提出了多个基本问题。说点题外话。发展心理学就是源自对观察记录进行缜密研究的一门学问。即使世上的父母做不到宗作老师的程度，但毕竟天天目睹自己子女日渐发展的智力和行为，为孩子叫了声"妈妈"，为孩子"站起来啦"而欢欣，只要每天必写观察记录，交由某公共机构整理出来，发展心理学就有可能因为有这种完备、系统、具体的案例，愈加发展起来。然而，大人们几乎彻底忘掉了自己的幼儿时期，所以对希望子女幸福成长的父母来说，育儿观察就成了一件非常重要的事情。现实中，东海大学附属本田纪念幼儿园就一直在详尽地编制孩子的观察记录、成长记录，坚持把每个孩子从小到大的过程全部记录下来。

言归正传，这篇文章所揭示的基本问题有：

1.婴儿对节奏做出的反应早于对旋律的反应，而且节奏越明快反应就越强烈。

2.幼儿对感兴趣的事物，会要求大人反复做几十遍。

3.幼儿对发出声音表现出极大的兴趣，当自己能够弄出声响时，就会反复敲击、吹气，连续玩耍很长时间。

4.幼儿时期，孩子的言行一定是符合自然的物理现象规律的，是自然、无矫饰的。(像"妈妈""爸爸"这样婴幼儿最早能学会的话语，几乎都是以"fa""do"这种完全协调的音程发声的。)

5.即便是兄弟姐妹，每个人的性格、能力的类型和感兴趣的对象也是各不相同的。

6.在音乐教育方面，五六岁是一生中接受音乐教育最重要的时期。

从上述内容可以了解到宗作老师的幼儿教育理念：

第一，每个人都具有与众不同的才能。如果充分认识到这一点后再从事教育工作，就会因材施教，尊重并发展这些才能。只要想这样做，就不得不摆脱一刀切的教学方法。换言之，这是尊重每个孩子的人格自由的问题，是如何让孩子在这个自由中发展自己个性化能力的问题，是如何把他们培养成适应社会的人才的问题。

第二，宗作老师有一个坚定的信念，认为节奏存在于所有能力的根源之中。人们当然可以从他倾心于达尔克罗兹的体态律动教学法的现象中看到这一点。但他所主张的并非单纯用于音乐教育的节奏，而是把节奏视为生命中的节奏、生活中的节奏，要对孩子进行以节奏为核心的教育。

第三，孩子们会反反复复地做自己喜欢的事情。宗作老师确信，在孩子的这种行为指向性中，正确方法指导的正确训练，肯定会培育出更加正确的技能，并使生活变得丰富多彩。在分析宗作老师撰写的一些教案、教学指南手册时，可以强烈地感受到这一点。

这与前面提到的铃木教学法的基本观念如出一辙。明治时代诞生的这两位伟大教育家彼此素不相识，却有如此之多的共同点。

第四，宗作老师认为人类感性的源头是在自然界中寻求的，包括最为人工的艺术欲望。

第五，宗作老师确信，在情操教育方面，尤其是音乐教育上，如果不在五六岁的时候为孩子们夯实基础，必将错失能力发展的良机。

正因为如此，宗作老师才辞去从事了多年的小学音乐教师的职位，重新起步，迈向了幼儿教育。那么，为什么以往日本学校的音乐教育已经不能让宗作老师感到满足了呢？

这里有必要回顾一下明治初期日本的音乐教育是沿着什么方向定型的。如前所述，明治政府废藩置县的前一年，即明治三年（1870 年），设立了贡进生制度，把各藩特别优秀的青少年集中到东京，让他们在大学南校[1]学习。其中有一名信州高远藩出身的学生，名叫伊泽修二，他在贡进生中也是出类拔萃的才俊，自然科学、工学、数学、军事学、法学各科成绩优异。在美国留学期间，他被音乐的魅力强烈吸引，了解到教授音乐十分有助于培养人的道德情操，于是潜心研究音乐。学成回国后，他组建了文部省直属的音乐研究与教育机构——音乐调查组，逐步奠定了日本音乐教育的基础。

其实，伊泽修二在留学前，也就是明治七年（1874年），就已经当上了爱知县师范学校校长，此后一直致力于教育。留学回国后，他担任东京师范学校校长，引进了教育学、心理学、教学法、实习等课程，一直试图摆脱以往教育单纯传授知识的窠臼。这个音乐调查组是他担任东京师范学校校长期间建立的，后来变成了东京音乐学校，并逐渐发展成了现在的东京艺术大学。

大约十年前，我听到一种说法，认为日本的音乐教育一路走来，发展方向是错的，原因是明治初期伊泽修二制定的方向错了。我这才第一次阅读了伊泽修二著、山住正己校注、平凡社出版的《洋乐初探》这本书。伊泽修二对唱歌赋予孩子巨大

---

1. 明治初期的官立洋学校，现在的东京大学法学部、理学部和文学部的前身。明治二年（1869年）六月，明治政府把旧江户幕府直辖的高等教育机关——昌平学校（昌平坂学问所）升格为大学，再把开成学校（开成所）和医校两个学校分别改造为大学分校。同年十二月把开成学校改名为"大学南校"，该校区因位于大学总部（本乡汤岛）南端（神田）而得名。

力量给予了高度评价，确定把音乐教学的基础放在唱歌上。他在明治十四年（1881年）出版了《小学唱歌集》，明治二十年（1887年）出版了《幼儿园唱歌集》，奠定了"文部省唱歌"[1]的基础。这中间体现出了伊泽修二自己试图设法创造出日本独特音乐的强烈欲望。

在西洋文明迅猛涌入日本的时代，他坚决不搞西洋音乐一边倒，而是收集日本传统音乐，进行正确分析和研究，并对比研究西洋音乐的长处，试图创造出将两者长处兼容并蓄的音乐，将之运用于教育。他没有彻底拒绝日本音乐，试图在幼儿园、小学继续传授传统音乐，并对其中低俗的俗曲、筝曲、长调[2]等失之猥琐庸俗的词调进行了废除和改良。他绝没有像现今这样对日本音乐不屑一顾。

批判伊泽修二的人，指责他建立了这种完全倾向唱歌的学校音乐教学体制，为了把爱国精神当成学校教育的支柱而建立了国家教育社，强迫中国台湾人学习日语，等等。不过，伊泽修二是明治初期的人物，身在国立学校，肩负日本教育，那样做也是自然的。反过来要问，第二次世界大战后教育界的领袖们为什么没有像伊泽修二那样再度彻底重新审视日本文化呢？

---

1. 明治维新后日本全盘西化，当时日本政府提倡全人教育，文部省把音乐指定为必修科目纳入学校基本教育体系，课程名称定为"唱歌"。被纳入教育体系的音乐课体系及内容，被称为"文部省唱歌"。
2. 长调，近世邦乐的一种曲目，作为歌舞伎舞蹈的伴奏音乐在江户时代发展起来的三味线音乐。

从明治初期到大正、昭和年代，世界形势瞬息万变，本来就不该因循守旧地沿袭明治初期建立起来的音乐教育体制。

我认为，如果有人正确地继承并发扬光大了伊泽修二的开拓精神和对学问的钻研精神，至少东京音乐学校不至于沦为"东京西洋音乐学校"。事实上，我们不是没有杰出人物，但都被目光短浅的、坚持西洋音乐一边倒的教育官僚们给埋没了。伊泽修二有位侄子名叫饭泽匡，是剧作家、艺术院会员。我对他说过这些，他回答道："不。有人说教育因为伊泽修二而走错了路，所以，对他的评价是改变不了的。如果伯伯当了一个与物体打交道的科学家就好了。"

音乐的本源是唱和节奏。所以，绝对不能说伊泽修二把重点放在唱歌上是一个错误。错是错在唱得好就给高分，唱得不好就给低分的评分制度上。难道不是吗？伊泽修二在《洋乐初探》中没有对孩子的音乐能力做任何评判。非但如此，在应邀来日工作的美国音乐教师梅森[1]教授的欢送会上，伊泽修二还翻译介绍了约翰·达德利·菲尔布里克[2]的演讲词："……在瑞士的学校观摩了唱歌课，他们列举了音乐的实际益处，言说

---

1. 卢瑟·怀廷·梅森（Luther Whiting Mason，1828 — 1896），美国音乐教育家，曾在日本从事音乐教育工作，将西方音乐引入日本。——编者注
2. 约翰·达德利·菲尔布里克（John Dudly Philbrick，1818 — 1886），著名美国教育家。

'应使少年精通这项技艺。培养善良有德的士民之道，莫过于此'。又说'这门优雅艺术的实用性巨大无比，即使是见识卓越的学者，也不能充分解释清楚其中的道理'。……"以此宣扬音乐的精神净化作用。

关于如何创作日本独特的唱歌，伊泽修二这样写道：

第一款，融合东洋和西洋的音乐，创作新曲。

大凡融合两种事物，关键在于找出两者的异同点，同则并之，异则使之逐渐接近，最终合二为一。因此融合的第一步首先在于发现东西两种音乐的异同点。

现取西洋流行歌与日本端歌[1]做比较，似乎不同点颇多，相同点几无。再比较西洋赞美歌与日本筝歌，并非没有不同点，但可以看到颇为相同的趣味。最后比较西洋童谣与日本童谣，完全相同无异。西洋音乐与日本音乐的构成元素毫无二致，只是组合方法不同而已。童谣类组合简短，变异极少，而流行歌则组合错综复杂，变异极多。

基于上述理由，开始着手时应收集童谣及其他最简短的歌谣，与西洋童谣进行对比，融合两者，创作相应的歌

---

1. 端歌，三味线曲目之一，起源于江户中末期江户城内流行的通俗小曲，明治以后主要作为花柳界酒宴上的消遣方式而流行。

曲，作为向小学生传授之资。

　　为了达成该目的，应采用精通西洋音乐和精通日本音乐的人士探究彼此的异同，通过反复切磋融合两者之长，逐渐推出新曲。

——摘自《洋乐初探》，伊泽修二著、山住正己校注、东洋文库出版

伊泽修二在文章中接着详细地写了培养振兴国乐的人才、在各校推广音乐教育，以及调查各种音乐的方法、学校唱歌课等。山住正己先生在解说中写下的一段注释，更加饶有兴味。

（伊泽修二）写道："大凡小学的教科书应能适合我国当今的需要，符合教育的理法，达到普通教育的目的。虽然所设学科各不相同，但最终目的一致，以此将相互关联的各学科结合起来，建立起一个各学科浑然一体的小学教育的大国，以达到预期目的并持续奏效。因此，首先要对照学科课程，明确各学科之间的关系，编制大纲，确定编写目的、方法和体例，然后着手实地编写，还应经常与相关各学科的编写者切磋协商，进行编撰。"由此可知，伊泽希望编写一套各学科内容相互密切关联的教科书。

"明治歌曲集"是好是坏，现在批评已经没有太大意义，因为时隔百年，以今天的感觉去衡量西洋文明开始传入日本仅十

几年时的作品，并无太大意义。这部作品与佐尔丹·柯达伊、贝拉·巴托克[1]收集匈牙利本国民族音乐创作出适合儿童的歌曲，两者间历史的厚重感大相径庭。所以我认为，明治初期这个时间点上，作品的好坏可以不论，重要的是编写新教科书的精神和建立编写方法论的态度。

在这个意义上，我认为绝不能把彻底分析东洋音乐和西洋音乐并取它们长处的态度说成是错误的。西洋音乐的洗礼越来越强烈，即使没有伊泽修二，资历尚浅的日本人中也会有人想到，采取东西方音乐折中的方式推动此事是理所当然的。可以说，这远比二战后对日本的一切都否定要客观得多。何况教学课程再多，目的只有一个，必须把各学科联系起来思考，并为此探索方法。可以说，伊泽修二对音乐教育的基本思想绝对没有错。只是当时在公立学校的课时安排中让所有教师实施起来，肯定是极为困难的。不过，日后小林宗作老师在自己的学校里将此付诸实施了。

尔后，明治四十三年（1910年）文部省发行了《普通小学读本唱歌》，这就是所谓的文部省唱歌。我认为，在这个阶段里，小学的音乐教育大大地误入歧途了。首先，歌词与旋律的关系不自然；其次，唱歌课不是培养音乐美感，而是总想向学

---

1. 贝拉·巴托克（Béla Bartók, 1881 — 1945），匈牙利人，20世纪伟大的作曲家。——编者注

生灌输什么。可以说，这种强制性形态把"学校音乐不出校门"的状况根植到了日本人的音乐感觉中。

在这个背景下，音乐课的时间全部用来教"do re mi fa"和唱歌了（我们那个年代也是如此）。而宗作老师怀着一腔青春热血和日后要完成"综合节奏教育"的理想，当然无法满足于现状，心里产生了很多疑惑与不安。

过去几乎任何老师都可以教音乐，只要能唱准音阶、打对节奏，多少能弹奏键盘乐器就行。即使现在，几乎所有教师也都如此。何况现在这个年代，小学教师原则上每个人都要担任所有科目教学，专任音乐教师很少。所以只要唱歌好，音乐就能轻易得到高分。在西方文明洪流涌入的时候，哪怕欧洲音乐并不能穷尽整个西方文明形成的历史，仅凭模仿它的最终形式也能让日本人自以为已经充分沉浸其中了，这就是音乐所拥有的魔力。而且，音乐是全世界的共通语言，于是日本人就会产生错觉，以为自己已经理解西方文明了。

音乐果真是世界的共通语言吗？比如，德国音乐、法国音乐和美国音乐各有不同，一听就能识别出来。反过来说，能够识别出来就是不同。之所以不同，原因五花八门，有气候风土、民族情感、政治形态、社会组织等的差异。但我认为，最大的原因是语言的差异。语言的差异很多，有声调的不同、句子长短的不同、表达方式的不同、言语节奏和语感的不同、言语中音高线的不同，等等。所有这些产生了一个国家音乐特有的基本旋律。不理解这些基本差异，是否能真正做到完全理解一个国家的音乐，我不得而知。我们越是读贝多芬奏鸣曲的谱，越是弹舒曼奏鸣曲，越是分析巴赫的作品，他们就离我们越远，而我们却越是这样做越是受到吸引。音乐也许就是这样的。

先觉者们已经注意到语言的差异给音乐带来各种变化。伊泽修二就对语言的声调抱有极大的兴趣。他研究发音，后来从事了矫正口吃的事业，治愈了许多口吃患者。谷川彻三先生也曾说过，明治时代结束前后，伊泽修二先生治愈了他严重的口吃症。宗作老师也留下了对诗歌节奏和韵律进行种种探索的足迹。

宗作老师对一边倒教唱歌的音乐课产生了不满，同时对如何才能发展好孩子们不断成长的才能感到迷茫，为自己能力有限感到苦闷。我认为，让他苦闷的原因还有一个，那就是他自己有能力创作轻歌剧了。反过来讲，假如宗作老师不具备为孩子们创作轻歌剧的才华，也许就会无忧无虑地教孩子们唱歌，可以继续做他的小学教师。尽管宗作老师产生为孩子们创作轻歌剧的契机不得而知，但我认为，当他创作了轻歌剧，即音乐剧，由孩子们在观众面前表演的时候，他一定感触到了戏剧所拥有的强大力量。这是单一音乐世界里所没有的别样的感动，同时又是与音乐紧密互动而产生的巨大感动。据说他的音乐剧让孩子们和观众们都非常感动。

也许正是这件事情让宗作老师开始模糊地思考：如何才能让音乐与戏剧性联系起来？如何才能让这些在对孩子的教育中形成体系？宗作老师听见了自己内心深处的心声："从头再来！从头再来！"尽管目的尚不明确，但他的欲望愈发强烈：一定要了解先进的欧美各国是如何进行音乐教育的。于是，他毅然决然地辞去了做了十多年的小学音乐教师工作。

也正是这个时期他开始认为，作为人类发育期的教育，幼儿教育比小学教育更加重要。

> 我从几年前开始对幼儿教育的重要性产生了兴趣，一直有一个淡淡的梦，想创办一所幼儿园，让孩子在那里种花，跳舞，养兔子，养鸽子，养金丝雀，唱歌，蹦跳，坐在驴车上游玩。从那时候起，我就特别注意孩子们的游戏，当时恰巧盛行表情游戏。这种游戏原本属于舞蹈性质，但是许多作者却囿于语言性质的解释。舞蹈必须源于节奏。我便想，既然如此，不研究音乐节奏和身体运动，就无法创造出游戏，于是下定了去欧洲留学的决心。

> ——摘自小林宗作《达尔克罗兹新音乐教学法》，
>
> 载《教育问题研究》六五号，大正十四年（1925年）八月

宗作老师试图在这种自然的过程中发现节奏的想法，日

后得出了这样的结论：要想让节奏在人们的整个生活中发挥作用，就必须在生活中创作"戏剧"。

金子巴先生的话

恰巧那段时间，三菱财阀的岩崎小弥太男爵担任成蹊学园的理事。据说有一次，他很偶然地观看了父亲创作的轻歌剧，非常钦佩，说如果我父亲要去欧洲留学的话……于是为父亲出了去欧洲学习的所有费用。他是一个只出费用不多嘴的人，关于这笔费用怎么用，听说他从不过问。

岩崎小弥太男爵是三菱财阀的第四代领导人，时任三菱总社的社长。他是一个格局很大的人物，缔造了第二次世界大战战败前的日本重工业。他还广泛支持文化事业，创办成蹊学园，资助东京爱乐交响乐团，向优秀学子提供奖学金等，做了很多赞助项目。

就这样，小林宗作老师于大正十二年（1923 年）六月，只身一人乘船远赴欧洲，时年三十岁。

留　　学

　　小林宗作老师是在哪里踏上欧洲大陆的，现在已经无从知晓，甚至连他第一个抵达的是哪个国家都无法得知。宗作老师撰写的文章中也很少有留学的记载。根据他为数不多的记载推测，他最初抵达的可能是瑞士的日内瓦。

　　……大正十二年七月，在日内瓦经新渡户博士推荐，我第一次知道体态律动教学法……

　　　　　　　　　——摘自小林宗作《欧美音乐教育界之相》，

　　　　　　　　　载《学校音乐》，昭和九年（1934年）

　　在瑞士拜会伊斯特莱克先生的时候，第一次听他说达尔克罗兹的方法很有趣……

　　　　　　　　　——摘自小林宗作《达尔克罗兹新音乐教学法》

　　　　　　　　　载《教育问题研究》六五号，大正十四年（1925年）八月

　　在宗作老师自己的表述中，最初出现的是瑞士，但最早告诉他达尔克罗兹的究竟是新渡户博士还是伊斯特莱克，却不

明确。

　　大正十二年七月，小林宗作在日内瓦拜会了时任国际
联盟事务局次长的新渡户稻造，讲了自己以前的情况，新
渡户推荐他学习瑞士音乐家达尔克罗兹的体态律动教学
法。这个时候，他第一次听到体态律动教学法这个名词。
新渡户毕业于札幌农学校，在克拉克[1]博士的感召下与内
村鉴三[2]等人一同皈依基督教，曾担任东京女子大学校长。
小林宗作曾经在基督教（新教）的教堂里弹奏管风琴，并
曾担任高管。把两者结合起来考虑，可以推测他与新渡户
可能以前就有亲密交往……

——摘自小林惠子《引进体态律动教学法之草创期的成城

幼儿园——以小林宗作的幼儿教育为中心》，

载《国立音乐大学研究纪要》第十三期

　　小林惠子老师是这样写的，但宗作老师的长子金子巴先生
却说：当时只要提到音乐那就是德国，所以我认为父亲最早去

---

1. 威廉·史密斯·克拉克（William Smith Clark, 1826 — 1886），美国教育家，北
   海道大学前身札幌农学校的首任校长。返回美国之前对毕业生说的"Boys, be
   ambitious！"（青年们，要胸怀大志！）成为北海道大学的校训，沿用至今。
2. 内村鉴三（1861 — 1930），日本明治、大正时期的基督教宗教教育家。生于江户武
   士家庭，幼年受武士道和儒学思想熏陶。1874 年考入东京外国语学校，三年后毕业
   考入札幌农学校，受该校虔诚而热烈的基督教精神感染，于 1878 年接受洗礼。

的是柏林。他还说记得还听父亲说起过，但是不能确定。

总之一句话，踏上欧洲的宗作老师精力旺盛地开始了调研活动。前面提到的《欧美音乐教育界之相》一文生动地描述了当时的情景。

……同年（大正十二年）九月，我在柏林第一次见到石井漠先生。漠先生也推荐说体态律动教学法最好。我还得到真筱教授的很多照顾。我发现博德[1]的艺术体操也是这个时候。实际上我一到柏林，就雇了小学教师和幼儿园教师各一人当研究顾问，让他们挑选音乐和游戏最拔尖的学校各五所，一一带我去做了考察。考察的结果是，我向他俩宣布道："还是日本走在了前头。"两位老师满脸涨红，生气地说："那么……这所……这所学校怎么样？"又带我从舞蹈学校到体操学校考察了一遍。博德的艺术体操是我最后考察时才看到的。这太好了……我连续一周，天天都去那所学校。不过，在思考如何将其应用于年幼的孩子们时，我觉得那里的水平程度过高，放弃了。

于是我去了巴黎，根据漠先生的推荐，靠着歌手小森让先生的哥哥，进了体态律动学校，正式开始了体态律动

---

1. 鲁道夫·博德（Rudolf Bode, 1881－1970），德国体操家，1911 至 1912 年期间是达尔克罗兹学校的学生，后创立韵律体操。

的学习。

按照一开始的计划，我是打算走遍欧洲后回过头来再到最好的地方的。但是我进了体态律动学校，过了一个月，又过了半年，觉得可以确定这已经足够，很理想了，便在这里待了整整一年。

一旦认为已经足够，就急于搞实验，便迫不及待地回国了……

伊泽修二编撰《普通小学唱歌》后已经过去了四十多年。宗作老师对小学的音乐教育一直持有不安和疑问，不断摸索理想的幼儿教育方法，并远赴欧洲留学。他极为冷静且非常热情地进行了调研。那情形，仿佛就浮现在眼前。

金子巴先生的话

父亲第一次留学那年九月，发生了关东大地震。听说父亲因为抛下了母亲和姐姐一个人来到欧洲，竟在柏林害了思乡病。当时的德国在第一次世界大战中战败，正处于通货膨胀的高峰期。听父亲说，战败后的德国，住宿的地方连电灯都没有，每天傍晚回去，房东大妈总是在黑暗的屋子里啜泣。她的儿子在第一次世界大战中阵亡了。父亲说，他每次看着这种情景走进房间，完成工作，钻进被窝后，都会莫名其妙地流泪，止不住地哭泣、哭泣……我想，这肯定是想家了。父亲不喜欢这样，于是明明滴酒不沾，却非要借酒消愁。他说，只要不喝醉就睡不着，心情就会很消沉。听父亲说，一开始喝的是威士忌，最后竟喝起了杜松子酒。反正他不喜欢莫名其妙地悲伤。这段时间，酒量倒是大有长进。

父亲去了柏林，正好碰到在柏林音乐学校学习管风琴的真筱先生。那时，真筱先生是第一次在柏林上学。听说他先看了一下都上些什么课程，发现教的是即兴演奏[1]，太深了，自己学不了。

当时全日本还没有人搞即兴演奏。父亲面临的问题是如何才能掌握这种即兴演奏的技能。他悟到一个方法，就是必须学习低一个难度档次的技能。但他来到了这里还是搞不懂即兴演奏。于是又不断地降低难度档次，最终找到了达尔克罗兹的节奏教学。也就是说，父亲得出的结论是：幼儿教育才是问题的所在。

我还听父亲说过这样一件事。当时文部省选派了一个留学生去学习交响乐指挥。他就想指挥只要挥挥指挥

---

1. 欧洲的管风琴演奏自古以来都是把即兴演奏当作重要能力要求的，因为在教堂举行祭典的时候需要即兴演奏前奏曲和后奏曲。所以，约翰·塞巴斯蒂安·巴赫等优秀教堂管风琴演奏家都是即兴演奏的高手。现在也是如此。——作者注

棒就行了。不料学校首先让他做的是读总谱[1]，他却根本不会。他万般无奈，只好白天去附近的咖啡厅倾听旁人谈论音乐，晚上去参加音乐会，观察各种指挥家如何挥舞指挥棒，要用这些把脑子装满。当时他只能这么做，别无他法。可见，即使从日本的音乐学校毕业了，也根本跟不上柏林的音乐学校的教学……

总之，当时的音乐专业学生为了学到西洋音乐吃了多少苦，由此可见一斑。即便在今天，又有几个日本人能够得心应手地驾驭管风琴，随心所欲地展开给定的主题，采用即兴演奏的形式演奏出令人感动的赋格曲呢？可见日本是多么需要高端的技术和音乐感知力。所谓即兴演奏，就是作曲和演奏同时进行，是西洋音乐中最难的演奏技术。而在幼儿时期就把这种高端音乐技能渗透到孩子的肌体里，让孩子记住。在这个方面，体态律动教育也是一种极为适合的方法。

不论什么年代，不论什么领域，杰出人物都是在时代需要的时候横空出世的。而这个时候，有时是充满不满的时候，有时是对陈规俗套深恶痛绝的时候，有时是因长期的压制而痛苦不堪的时候。

---

1. 读总谱是指一边看着管弦乐的总谱一边用钢琴演奏的方法，是乐团指挥的基本功。——作者注

在欧洲漫长的音乐史中，19世纪末期是在音乐教育方面遭遇很多不满和困境的时代。一直以来，演奏领域、作曲领域都是需要高水平音乐技能的。要想成为一个音乐家，首先就要求具备技能。因此学生们不得不埋头苦练技能。与此同步，教育家也在追求这些。然而，到了19世纪末期，这种状况走到了尽头。尽管耳朵越练越发达，但用习得的技能表现出来的音乐，却与真正的音乐渐行渐远。

过去也曾经有过技艺高超的音乐家受到追捧的时代。但西洋文明史总是这样，一旦跑偏就必然会有某种精神注入，找到正确的平衡点。达尔克罗兹也是出于这种对音乐教育的不满创造出崭新的节奏音乐教育方法——体态律动教学法。这种不满，就是"为什么在学校只教唱歌，仿佛唱歌成了音乐的全部？"这种状况跟日本一模一样，这种不满就是："为什么听力再好，也创造不出用心灵聆听，用身体感受的音乐呢？"达尔克罗兹确信过去单靠听力搞音乐的教育方法是极不完善的。他研究了听力与运动能力、音的时间、肌体的能量所占空间的大小，把音乐艺术与舞蹈艺术结合起来，创造了体态律动教学法。他同时通过各种各样的实验，证明了在儿童时期而非成人以后进行体态律动教育最佳。这对走到辞去小学音乐教师工作边缘的宗作老师而言，不啻为黑暗中的一缕曙光。

于是，在大约一年的时间里，宗作老师直接拜达尔克罗兹为师，学习体态律动教育实务，尽量阅读达尔克罗兹的所有著作，用理论武装自己，如饥似渴地坚持整理研究。其间，宗作老师一直在心里描绘着创办理想的幼儿园，从事理想的幼儿教育的愿景。

　　恰好就在这个时期，小原国芳矢志要在成城这块土地上开展理想的幼儿园教育，正在物色堪当此重任的贤才。小原国芳在京都大学哲学系拜西田几多郎[1]和波多野精一[2]为师，撰写了题为《宗教拯救教育》的论文，毕业后在广岛高等师范附属小学担任主事，因泽柳政太郎[3]盛情邀请，转任私立成城小学主事，后成为改造日本教育界的旗手，提倡"全人教育"。

1. 西田几多郎（1870 — 1945），日本近代哲学史上最具代表性的哲学家，京都学派创始人。毕业于东京大学哲学系预科，1910 年起任京都大学副教授、教授。1911 年发表《善之研究》，后陆续发表《自觉的直观与反省》《无的自觉限定》《哲学的根本问题》等。以东方佛教思想为基础，以西方哲学思想为材料，求得东西方思想的内在统一，确立了独特的"西田哲学"体系。对日本大正、昭和时期的哲学思想有重大影响。1940 年获日本文化勋章。
2. 波多野精一（1877 — 1950），日本宗教哲学家。出生于长野县，师从开培尔（Raphael Von Koeber，俄裔日尔曼人，哲学家、音乐家）。在京都大学讲授宗教学，奠定了宗教哲学的基础。著有《西洋哲学史要》《宗教哲学》和《时间与永恒》等。
3. 泽柳政太郎（1865 — 1927），日本明治、大正时期教育家，"实际教育学"的倡导者。1888 年毕业于东京帝国大学，历任文部省书记官、普通学务局长、高等师范学校校长、文部省次官、京都帝国大学总长、帝国教育会会长等职。

成城幼儿园时代

教育问题研究杂志《全人》昭和三年（1928 年）五月号登载了小原国芳先生撰写的题为《我们的幼儿园》一文，十分豪放地描写了当时欢迎小林宗作老师来到成城幼儿园时的情形，特介绍于下。

［本来是拜托主任金子君（原小林君）写的，但由于他恰好休假，就由我写了。不能面面俱到，很是抱歉。］

主任金子君：

我先由金子君开始介绍吧。我认识你是真筱君引荐的。

"一定要把他搞到成城来啊。船马上就要到神户了。他真的是一个了不起的人。首先，体态律动教学，除了他，日本就没有别人了。而且创办幼儿园，他可是行家里手。"真筱君盛赞道。"要是被别处挖走可就太可惜了。船到神户前，我想去接他。"

于是，我就让他去了神户。听说你出国旅行时，曾在瑞士对国际局的新渡户先生谈了你对幼儿园的抱负，他说:"很赞成！但在日本实现不了吧。不会有人批准的，也不可能实现的。"

听说这件事后，我这个梦想家就坐不住了。拿破仑说过:"在我的词典里没有不可能这个词。"只要事情是对的，是好的，只要大家豁出命去，世上就真的不会有"不可能"的事情。我一定要让你在日本，在成城，实现这个"不可能"，我已经迫不及待了。

见到你，听到你的"幼儿园论"，我完全与你产生了共鸣。我也曾认为日本幼儿园不尽如人意，你说的又与我不大不小的梦想相吻合，所以我们二人很快就一拍即合。

在砧[1]这个地方搞经营可真不容易呀。在苦苦经营中，连办个小学部，校长都不批。理由是：一、创办费严重不足；二、没有学生会来；三、会增加学校的工作。哪一条都是重要的理由。可是，一旦建成学园村，又怎么能没有幼儿园、小学和女子学校呢？！就算初中、高中可以到远处去上，但学园村里起码要有幼儿园、小学和女子学校啊。（中略）

当时，就连初中的建设费都还没有着落，办高中就更加艰难了。这种时候提开办幼儿园，我再鲁莽无谋，也

---

1. 砧，地名，位于东京都世田谷区东南部，小原国芳创办的成城学园迁址这里。——编者注

张不开口。无奈，我只好造了一个古怪的小屋当自己的住处，把客厅的门卸掉让房间变得大些，请你办起了最初一年的幼儿园。小林君有说不完道不尽的苦水。

第二年，宿舍不够了，赶上学园城竣工移交，终于请学园在小学部省出一间房，让你把幼儿园迁了进去。真是苦了你了。我非常清楚地知道，你是怀着远大抱负回国的，而这绝非待你之道。我在心里深深地道歉：

"请原谅我。现在真的毫无办法。就请为至少有了一间房而高兴吧。所幸我们拥有难得的森林、原野、小河、田地……"渐渐地，占地得以扩大。"向之丘"[1]，就是所谓"对面山包"的南坡上有一片小松树和杂木的林子，怎么说都是学园里的一等地块。长期以来可怜兮兮的幼儿园，哪怕就是出于教育方面的理由，也该建在那里。终于，用你筹来的钱，建起了由你煞费苦心设计出来的幼儿园。你用心良苦，用最少的钱，在狭小的土地上，最大限度地扩大有效面积，还考虑了采光和通风。从屋顶的造型到房间的布局，造得令人身心舒畅。终于可以让你心情愉悦地尽情开展体态律动教学了。（中略）

感谢！金子君，对你的感谢有几个。

---

1. "向之丘"是地名，但实际含义是"对面的山包"，这里是双关的用法。

一、你是达尔克罗兹的嫡传弟子，是全日本真正无可替代的宝贵的体态律动教师。非常想请你把你的体态律动教学理论与泽柳礼次郎的翻译相得益彰地介绍给我们。我想进一步扩大你现在搞起来的幼儿园、小学和女子学校，就像英国伊顿中学校长作为宣传部长所做的那样，请你拓展到中学去。我认为体态律动教学对幼儿园尤为重要。你说想再次回到达尔克罗兹身边搞研究，真的，我很想请你去。为了日本。

二、你是大自然的研究家。你扛锹挖土，移栽野花，开挖池塘，饲养兔鸡，简直就是一个乡下农民，看哪儿都很难想象你居然是一位音乐和体态律动的教师。我要感谢你。最要感谢的是你在大自然中培养我们的孩子。感谢你把小孩子培养得像大孩子一样。感谢你在大自然中把孩子们培养成了大自然的孩子。看到他们的生活状态和你的体态律动教学，我真想转世重活一次。世上的人们总认为把孩子们教成动物园里的猴子，把孩子们培养成乖乖的人偶，尽早教孩子们识字，那就是好幼儿园。我对此很不认同。最近我也听说，有人退学离开了成城幼儿园，到另一家幼儿园参观了几次，说："这家也不行，跟成城一样光玩儿了，不教孩子认字。"对不懂孩子生活本领的家长，我也感到头疼。

三、你对待孩子的态度很难得。感谢你让我那爱哭闹的四岁女儿一到幼儿园就像彻底变了一个人一样。从这个意义上讲，我也怨保姆过度娇宠，把孩子培养成了一个爱耍小聪明的人。日本的法律规定幼儿园的保育员必须是女性。我真为日本的前途叹息。幼儿园尤其需要像大人物西乡[1]那样有点大智若愚的人，需要对孩子们的调皮捣蛋、小恶作剧能睁一只眼闭一只眼的人。希望教师上心呵护孩子，但不希望教师上手约束孩子。

总之，母亲们对孩子干涉太多，不行！对学校要求和批评太少，不行！不更加宏观地理解我们，不行！否则就会把学校搞垮。

真的很感谢。你的体态律动教学公开课也很好。我想开办幼儿园研究会了，想培养优秀保育员了，想招两三岁的孩子了，终于想招聘优秀保育员了。我想跟大家联手从根本上研究人了。（中略）

下面我把金子君亲笔撰写的幼儿园小朋友的招生简章公布出来，让大家理解金子君的主张。

教育方针

本园教育方针，毋庸多言，将准照高中和小学入学指

---

1. 西乡隆盛，日本明治维新三杰之一。——编者注

南所示方针。本园在幼儿教育方面将特别注意以下几点：

智育：偏废之害众所周知，且有一种倾向，几乎所有人都只考虑头脑的教育，好像人没有肌体一般，忘记了年龄越小头脑就越受肌体的支配。

体育：人们相信健全的精神寓于健全的肌体之中，但我认为卫生健康却未必带来聪明的头脑。

神经训练：协调、联系心理活动和身体活动的是神经。神经活动最能作用于肌体，所以需要进行基于神经组织分析的特殊神经训练。只有这样，智育、体育才能产生真正的意义。

感受性教育：头脑的真正好坏取决于感受性的好坏。感受性与感觉存在深刻的关系。

感觉教育：人类为了了解精神界与物质界的关系而具有感觉。良好的感觉可以唤醒感受性，使其发育。感觉的好坏与未来头脑的好坏直接相关。

艺术教育：在使孩子身心得到正确而充分的发育方面，真正的艺术教育在所有教育中所起的作用是最大的，而且会引导孩子形成宗教性的性格。

韵律教育：这是一种新的教育法，旨在通过身心的节奏运动调整神经作用，谋求身心的协调发育。它可以协调想象力和执行力，唤醒想象力，让创造力得以发育。美国人达姆罗施[1]说过:"如果这个方法能教给全世界的儿童,必定会带来一场革命,诞生出更多精英的人类。"

营养研究:幼年时代的营养是否合适,关系到一生的寿命、体质和气质。

散步、园艺和饲养动物:我们根据迭代原理和人类文化史学说,把幼年时代看作原始时期,发现了其中与以往观点迥异的崭新的重大意义。

混乱与噪音:这些对儿童的神经为害最甚,要让孩子在宽敞、美丽的院子里安静地生活。

连续发展:孩子们在幼年时代过上最好的生活,就会成为最好的少年,长成青年。要让孩子们在生活中重点关注那些只有在幼年时代才能体验到的事物,关注那些以后无法挽回的事物。

幼儿教育的危机:当代,幼儿教育面临一种危机。现在,在承担保育重任的保育员中都有很多人认为这种教育没有必要。家长中也有很多人认为最好不要送孩子上幼儿园。这是我们不得不思考的最为重大的问题。连保育员、家长对保育都不信任,也不愉悦……这样的教育很可怕。(完)

---

1. 弗朗克·达姆罗施((Frank Damrosch, 1859—1937),德裔美国人,美国音乐指挥家、音乐教育家,创建了美国茱莉亚音乐学院。——编者注

三十来岁的明治男儿志同道合，让人深切地感到他们的热情多么高涨。相形之下，当代又怎样呢？每当提到教育，必要带上"产业"二字，若无其事地通行天下。而他们二人志趣相投，为了培育儿童嫩苗茁壮成长，不惜改造了自己家里的一个房间。他们的合作是纯粹的。而"教育产业"的企业形成之后，却要把儿童教育搞到产品中去，这是不能想象的。看到宗作老师一身农民相，在拥有小河、田地、森林的原野上开展体态律动教育，小原国芳先生发自内心地"想转世重活一次"。在人们眼里，宗作老师与小原国芳先生两个人是志同道合的绝配。宗作老师在成城学园不仅教幼儿园，还在小学和女子学校教音乐。在小学部教员介绍里留下了这样的文字：

> 金子宗作（原小林）老师，群马县人。音乐学校毕业后在成蹊小学任音乐教师，后为考察儿童教育赴欧洲各国游学，师从达尔克罗兹研究节奏教育。回国后即供职于成城学园，担任幼儿园主任和小学、女子学校的体态律动音乐教师，开展活动。他对于成城的影响自不必说，他还是日本国宝之一。
>
> ——摘自山口实《小学部的阵容与精神》，载《全人》第二十一期，
>
> 昭和三年（1928年）五月号

成城幼儿园是大正十四年（1925年）五月五日开园的。到

撰写上述文章为止的四年间，宗作老师是如何在成城学园奋力工作的，又是如何得到其他教师尊重的，一切都跃然纸上。总之可以想象，山口所说的"国宝之一"，真是一语道出了当时宗作老师的情形。

更加饶有兴味的事，就像小原先生文中所写的那样，是宗作老师如何在大自然中指导孩子们。与其说他是在大自然中搞教育，莫如说他是融入大自然中生活。正如小原国芳先生所感谢的那样，宗作老师"……扛锹挖土……在大自然中为我们培养孩子，最令人欣喜……"他在自然风土中与孩子们共同生活的本领一定非常高强。黑柳彻子在《窗边的小豆豆》中写下的回忆中有所描述，宗作老师自己写的文章中也能看到他对大自然中的孩子们进行的描写。

宗作老师总是强调，"大自然—宇宙"的状态不可违逆，要在大自然中培育人类的情感，要在情感的基础上，让孩子们把握、理解、体会自然现象。我们很清楚，宗作老师不是把这个方法论当作知识去实行，而是把它变成自己发自内心的对大自然的渴求而付诸实践。我认为，正因为小林宗作老师经常会涌现出一种欲望，一种"自己想做而做"而非"不得不做才做"的欲望，而且这种欲望又很有意义，很有价值，所以小林宗作这个人才是一位有天赋的教育家。也许这就是所谓天分。对宗作老师来说，与大自然的邂逅，"散步"是一个非常重大的因素。

金子巴先生的话

　　孩子，会一个人抱着毛绒娃娃拼命对它说话。父亲好像非常珍视这种心情。父亲自己也会经常一个人喃喃自语。在我孩提时代，父亲就经常对我说"散步咯"，带着我一起去散步。那时，父亲经常会自言自语说些什么。我还是个孩子，不太懂他说的话。但他会对我说："哎，小巴，那个挺好的吧。"当我搞不太懂什么东西好的时候，父亲就会说："那种东西只能远观哦！"这样的情形经常出现。而且，父亲似乎总想着接触大自然，动辄会外出一小会儿就回来。我问他"去哪儿啦"，他会说"去看大海了"。有时在海滨沙滩躺上半天儿看大海，他就会说"海浪是不会说谎的"。父亲好像很喜欢大海。到欧洲是坐船去的，肯定遭了罪。回来后他对我说："大自然的力量太大了，人类完全不可违逆！"……

　　《窗边的小豆豆》把孩子们散步的情形描写得跃然纸上，人们可以从中深入了解孩子们在散步中不知不觉学到种种知识的情形。关于成城幼儿园时代的情形，奥寿仪老师在手记《忆幼儿园》中对当时的状况做了准确的说明，故介绍于此。

　　……第一次去成城是昭和二年的秋天。回想起来都是陈年往事。园舍风格独特，院子就是杂木林，让人欢欣。园前小河潺潺流淌，栗子裂着嘴笑，秋草野花盛开，一派田园风光，委实让我开心极了。谁能想到，离新宿仅仅二十分钟，竟有此番天地。小林主事第一次找我谈话就说："不要把孩子套在老师的计划里，要把他们放到大自然里去！孩子们的梦想远比老师的计划大得多。"这种首先把孩子能动性的生活放在第一位的保育宗旨，给我留下了深刻的印象。由于幼儿园的院子还没有建成，我每天跟着主事和十四五个幼儿一起，采来野花做草坪，用野草、野花扎花坛，在树木之间吊秋千，拢来枯枝、枯叶烤栗子和山芋，每天的生活都跟所谓幼儿园极不相同。其实，当时我从培养所（竹早保育员培养所）毕业刚两年，对幼儿园尚存疑问和不满。幼儿园每天都在游戏与手艺中度过。保育室错把保育当成了小学授课。那段时间我一直在想"如果这就是幼儿园的话，我才不想让自己的孩子上呢"，很是烦恼。所以，去了成城，我感到自己真正醒悟了，这里的事和物，桩桩件件都让我感动。秋天逮蚱蜢和蛐蛐，春天捉青蛙和鳉鱼，蹦蹦跳跳地在田园和原野满地跑。哪怕捕捉一只虫子，也是需要灵巧的……主事告诉我："要当一个擅长散步的保育员。"受惠于此，我这个城里生城里长的人，跟孩子们一同体验所获得的知识实在太多了。跟孩子们一起撒下的红豆渐渐变黄成熟，依次采回晒干，让孩子们动手剥皮，储存起来。攒到五合[1]时，就把红豆煮了，用田里的山芋代替年糕做成红豆羹。在每天午后的点心中，这可是一枝独秀……

"要当一个擅长散步的保育员。"

记得我第一次接触到这句话时，心脏莫名其妙地怦怦直跳。我要制作电视节目，还要每周接触一次孩子们。对我来说，这句话宛若梦幻。因为这句话让一直在我心中烟熏火燎的块垒非常具体地燃烧了起来。第二章略有提及的奥寿仪老师已经故去，但当时她却是宗作老师的左膀右臂，非常活跃。宗作老师于大正十四年（1925年）从欧洲回国，八月就在位于牛込的成城小学（现成城学园小学的前身）举办了第一次体态律动教学讲习会。奥寿仪老师就是宗作老师当时的学生。

……那个时代体态律动教学是个新词，人们听都没有听到过，所以召集来的会员还不足十人。那时我刚当幼儿园教师，还是个新手，因为痛感音乐实力不足，便赶紧参加。听了讲课我才知道，不仅是音乐教育，凡是通过节奏进行的教育，即体育、舞蹈、手工艺，必须以体态律动教

---

1. 合：日本的容积（体积）单位，1合大约相当于1升（日本计量单位）的1/10。约等于0.18升（中国计量单位）。

学为基础。后来连续近四十年，我一直都在老师的身边，一边接受各类训练，一边教幼儿……

——摘自奥寿仪《我的幼儿体态律动教学法·序》，国立音乐大学发行

据奥寿仪老师生前好友小林惠子老师说，第一次体态律动教学讲习会后，奥老师仍一直热衷于接受宗作老师的指导；但她不是保育员培养所的毕业生，创办成城幼儿园的时候发生了一些事情，对她有所限制，所以她是作为保育员应聘进来的。回到原来话题，昭和五年（1930年），宗作老师第二次留学欧洲时，从巴黎给奥老师写信说：

> ……讲习好像很红火，很好嘛。就是要这样一步一步地积累。大概是六年前吧，我第一次举办讲习会时，直到当天（学生）还只有一个人……就是奥老师吧。那又怎么样？！从第一步到拥有七十位弟子……这不是很了不起吗？……

读到这里才知道，大正十四年（1925年）八月，第一次体态律动教学讲习会的第一位学生就是奥寿仪老师，是从只有一位学生起步的。从那以后，奥老师就成了宗作老师的左膀右臂，全身心投入到幼儿教育中去，直到宗作老师去世。

言归正传。宗作老师跟孩子们一起散步时的情形，《全人》第三十二期昭和四年（1929 年）三月号刊登了出来，特介绍于此。全是引用，甚是惶恐。与其让我添加蹩脚的解释，不如原文更具感染力。

幼儿园来信

小林宗作

开园以来，四年岁月匆匆流逝。真是梦一样的四年。大正十四年五月五日开园，当天正值儿童日[1]。现在提起笔来，种种回忆涌上心头，令人感怀。（中略）

五日，借小原先生住宅最重要的一个房间，摆上偶人做装饰，竖起大大的鲤鱼旗，码起槲叶粘糕[2]，举行了开园仪式。幼儿园有幼儿六人，小原先生担任园长，林老师（高井夫人）担任保育员兼女佣，我担任杂役兼主任。每逢下雨，就只有男孩小哲和女孩美音子[3]两个孩子和两位老师，可谓日本第一的幼儿园。

体操课就是走过架在坡下田间大河上的那座木桥。孩

---

1. 五月五日是日本国民节日之一的儿童日，是尊重儿童人格，谋求儿童幸福，同时对母亲表示感谢的日子。
2. 按照日本习俗，儿童日这天要在房间里摆放偶人，挂起鲤鱼旗，码放槲叶粘糕庆祝节日。
3. 美音子是宗作老师的长女。——原作者注

子们过桥顺顺当当，老师却会掉到河里。这是令人不可思议的事件之一。后来，山下德治老师也从这座桥上掉进过河里。大家拔来原野的杂草扎成花坛，蒲公英和蓟草的花坛很是有趣味。从园艺部领了一头小猪仔到附近农民家换来十只小鸡仔，还带上了鸡妈妈。午饭吃便当的时候，小鸡仔也啾啾地叫着跟在一起。又来了小兔仔，还有信鸽。我每天都搞得跟木匠似的做提篮、兔窝、鸽棚，一直忙到太阳落山，而且手上旧伤未愈又添新伤，疼痛难忍。所有这些美音子都看在眼里，每次家里来客人，她都会说："我爸爸很忙哦。一会儿当木匠，一会儿当农民，真的很忙哦……"

第二年，在小学的一角，第三年在女子学校的一隅，幼儿园一直在流浪。现在，园舍终于建成了。

我不喜欢工厂似的建筑，而且没钱，只好煞费苦心地自己设计。的确，这种式样的建筑设计，我想日本一个都没有。现在，幼儿园有三十八名幼儿、四位老师，发展得很慢，仿佛老牛走路。孩子磨起人来，结果老师准输。所以要是我也去哭求小原先生，肯定会发展得更快。但想到小原先生为了实现宏大理想而日夜奋战，我再去哭求，太对不起他了。想到这些，我便按部就班，老老实实，静静等候了。也许我就是一个古典型的人。

学园各种设施大体整备齐全了，这回该轮到幼儿园了吧。我在心里暗暗地等待。过去四年间，既得以做了各种实验，又产生了新的梦想。我想把这些系统地整理出来。同人诸贤，各位家长，今年要拜托大家特别帮衬一把。

二月五日，天气非常温和，我们渡过玉川去东生田远足，穿过鸡、猪嬉戏的农家，登上了山顶。我们在那里吃着便当，就见小田急线的电车[1]从山背后的山谷里穿过，南武线的电车从前方的平原驶过，孩子们欢呼雀跃。

孩子们也越来越能走了。归途农家有白兔，请他们让给我们，装在漏了底的水桶里，弄上电车带了回来。孩子们看到兔子的屁股从桶底漏缝里露了出来，一片喧闹。最近，又要有肉鸽来和孩子们做伴了。要是孵出雏鸽来，孩子们又该高兴了。真的好期待啊！

老师很奇妙，孩子们高兴了，自己也会感到幸福。看到四五岁的孩子们和睦地玩耍，我真的感到幸福。想想也没什么大事：孩子们会跟你撒娇，朝你哭，尿裤子，拖鼻涕，打翻便当，讨要老师的便当，菜不合心思就闹脾气，哭着要吃别人的便当，跌跤了要哭，有的孩子一哭就是两个小时。

照这样一项项数下来还真够惨的。在每天反反复复地重复发生着这些事的日子里，自己都会变成傻瓜。拿出全

---

1. 日本固定线路的电车。

副精神、全部智慧、全力以赴做事的机会，过上多少年都不会有。真是傻到家了。不干了吧……我甚至经常这样想。可是，这些撒娇任性的孩子总要有人照顾，否则就不能顺利成长。当我意识到这一点时，真正悟到了母性的宝贵。家里的母亲……真正朴素无华的生活。可是没有这些，孩子们就不能茁壮成长。可敬可贵！好，我也踏实下来好好干吧。一阵喜悦涌上心头。

那是在玉川散步时发生的事情。正在河滩上走着，A小朋友跑过来说："老师，大便。"我把他带到石笼背后，挖了个小坑，帮他脱下裤子，对他说："好啦，多拉点大便哦……"不巧没带纸，就用手绢帮他擦好屁股，对他说"A小朋友，把坑埋起来吧"……两个人捧来沙子，把坑填埋好。A小朋友很放心地自言自语道："这样好了吧。"这时，我强烈地感到一种满足。留洋归来，帮别人的孩子擦屁股，还感到莫名其妙的满足，真是件奇妙的事情。不久，就要有十几个小雏鹰离巢去上小学了。我既高兴，又寂寞，在心里祈祷：祝你们茁壮成长……（完）

怎么样？这篇生动的文章？！这难道不是那种"活着就要做"的母亲般的爱吗？！当代的幼儿园，几乎都是为了经营而招收孩子的。近一两年孩子数量减少了，就上演了用尽各种手段争夺孩子来办幼儿园的丑剧。看到这些，我觉得，宗作老师痛彻地教懂了我，教育本质上不是"企业"。说得再清楚一点：家长培养孩子不是为了挣钱。同样，搞教育也不是为了赚钱。

昭和初期，送孩子上幼儿园的家庭还极为有限。那时创办幼儿园，是从如何把儿童教育付诸实践起步的，起点不是如何利用空地。可以说，正因为有了这样的热情，才能做到开放自己的住宅，抛弃自己的教职。而且，支持这份认真、热情和才华的人也同样具有这样的认真、热情和才华。进一步讲，就是对培养担当起日本未来的一代人满腔热忱，献出金钱也在所不惜。前一章介绍过，小原国芳先生曾经写道："……终于，用你筹来的钱，建起了由你煞费苦心设计出来的幼儿园。"据金子巴说，当时三菱的岩崎小弥太男爵提供所需资金时就曾说过这样的话："如果是小林君去做的话，就……"

宗作老师的这篇《幼儿园来信》渗透出他作为老师对孩子们的感受，真的是读多少遍都会让人感动。尤其是我，每当读到"……想到小原先生为了实现宏大理想而日夜奋战，我再去哭求，太对不起他了。想到这些，我便按部就班，老老实实，静静等候了。也许我就是一个古典型的人……"这段话，就会感到很温馨，仿佛自己就在宗作老师人性的温柔包围里。宗作老师只要想到，就会不管先后，发自内心地付诸实行。他拥有这样的热情，具有集中精力的能力和强大的力量，但却决不勉强行事，决不违背自然规律，决不蛮干。他总是最先考虑别人的想法，一边感恩，一边积蓄自己的力量。

他就是这样一个充满柔情的人。

孩子本能地拥有识别大人的能力。不论是拥有多么高深教育理念的优秀教育家，对孩子而言都只是一个大人而已。所以，他们会在瞬间判断出他是自己的敌人还是朋友。对孩子而言，朋友不是教育自己的人，而是可以放心地待在一起的人，是可以跟自己一起玩的人。反过来从大人这方面来说则只有一条，那就是你是否喜欢孩子，而不是你有多么卓越的思想和学问。甚至可以一语道尽：能不能瞬间站到孩子们的立场上来？不论什么场合，能不能立即用孩子的眼光看事物？这种时候，如果把大人的想法强加给孩子，或强制性地束缚孩子们的想法和行为，孩子们当即就会背你而去。可怕的是，孩子一旦背你而去，就再也不会第二次向你敞开心扉。根据我的经验，这样的孩子要等到自己长大成人，到了能够理解当时老师立场的年龄时，才会对你敞开心扉。然而，在此期间，孩子们要与不信任、失望、自暴自弃、自我厌恶等各种各样的心理状态做斗争，耗费许多时间。

当然，我并不认为人不需要这样的内心斗争，自己亲身体验、体会人类的种种内心状态是非常重要的。但孩子与孩子不一样，有的孩子也会因此受到很大伤害。我认为，跟孩子打交道的大人时刻都应把这一点放在心上。在这个意义上，我认为宗作老师是真正喜欢孩子的，所以他从不出于欲望而主张自我，甚至认为自己属于"古典型人"。所以孩子们总是绕在他的膝下，争前恐后地抢着跟老师在一起。今天，幼儿园和小学的老师里仍有很多这样喜欢孩子的人，我也认识好多这样的老师。我认为，这样的老师都对孩子充满了爱。他们首先想的不是教育理念，不是每天的课程表，不是班级的运营方法，而是对孩子的爱。这种爱，就是把孩子当成一个人来对待，而不是把他们当成孩子。

不论过去还是现在，真正为孩子着想的教育家内心应当是没有变化的，但为什么就搞不成宗作老师思考和践行的那种教育呢？

宗作老师在第二次留学欧洲之前撰写了一些随笔、论文，其中有几篇我非常想介绍给大家。因为我感到，仔细阅读那个时期的论文，可以了解宗作老师为什么要决定第二次留学欧洲。

首先，这里有一篇报告，可以从中看到并读懂成城幼儿园是如何充实和运营的。

幼儿园来信

小林宗作

二月二十日召开了家长会。班任保育员与母亲们恳谈许久，之后又跟母亲们做了商量。幼儿园要想真正实现小原先生的宏大理想尚存诸多问题。我加入这个学园也已四年，打算来年设法整顿一下这些问题，看看大家有什么办法挤出相关经费，结果决定举办石井漠老师的舞蹈演出会，用纯利润充当经费。当晚，大家就把租借会场、与石井老师交涉、门票、节目单、广告等一应事宜全部安排完毕。

（中略）尽管当时对观众动员存在种种担心，但舞蹈演出会超满员，大获成功……）

会馆的某会场管理员说，开馆以来第一次进场这么多人。我们高兴得只顾笑了。终于要开幕了。我没有时间看舞台，所以全然不知场内发生了什么……我想再调查一下，听听孩子们的声音。（中略）星期二召开了委员会，把已经整理好的现金收集了一下。除去各种经费共计 850 日元左右，现金余额有 1400 元。（中略）扩建也已安排完毕，从平整土地到木工已经逐步展开，四月二日可以完工。合同约定的是工期推迟一天，支付推迟一个月。设备也在准备中，确保万无一失。恭请大家等待新的活动。

十六日下午一点举行了毕业仪式。毕业生十五人，都将进小学部。

这所幼儿园的毕业仪式有点与众不同，所以这里介绍一下情况。毕业仪式那天早上我特意早起，用冷水擦拭了全身，进行了默祷。就是所谓的斋戒沐浴（我不管怎样看都像是个古典型的人，感觉这样做特别有意义），然后亲笔把保育证书一张一张地写在奉书纸[1]上。最后把班主任保育员、主任、园长签名的地方空出来。之后，毕业仪式开始了。会场左右是在园幼儿，中间是毕业生，他们的后面是列席的母亲们。这就是列队的情形。中间正面对着的是小原先生，我在他的旁边，接着是奥老师。我们排成这样的队形，然后挨个点名让孩子出列，在孩子本人的见证下，班主任保育员、主任、园长顺序签名。最后由小原先生授予孩子本人，并不盖印。印章我是怎么也喜欢不上。在母亲与孩子们的列队见证下，我们亲自签字颁授。没有比这更可靠的了。这样都不能放心的人，那可就是傻子了。

四月四日起新学期就将开始，人员尚未招满，有愿意报名者请尽快申请。一个班定员十人，进小学部可免招生考试。（后略）

——摘自《全人》第三十三期，昭和四年（1929年）三月号

这份报告读多少遍都觉得有意思。不过，三个月后的（全人）昭和四年（1919年）七月号上，报告了这次舞蹈演出会的决算。

---

1. 奉书纸，日本特有的一种和纸。

舞蹈演出会决算报告

三月九日，为支援幼儿园举办了舞蹈演出会，得到了大家的巨大同情，获得了下述超乎预料的巨大成功。深深地感谢大家！

纯利润额已全额捐赠给幼儿园，敬请周知。特借《全人》杂志予以报告。

成城幼儿园母亲会委员代表　本尾小太郎

总收入额　　　　　　　3179.50 钱也 [1]

细目　会员门票销售额　2789.50 钱

捐款　　　　　　　　　390.00 钱

总支出额

细目　石井氏谢礼　　　500.00 钱

会场费　　　　　　　　200.00 钱

杂费　　　　　　　　　118.60 钱

筹备费　　　　　　　　157.55 钱

余额　（纯利润）　　　2203.35 钱也

---

1. 钱，日本旧货币单位，1 钱等于 0.01 日元。日本记账是在金额后边加上"也"字，是为了防止金额造假，作用类似于中国人记账在金额后面加"整"字。——编者注

这场舞蹈演出会大获成功，留下了如此喜人的业绩，还捐出了余额 2200 余钱，相关人等是多么的高兴啊！连我这个不相干的人都感到高兴。这些钱是如何使用的，宗作老师在这本杂志七月号上的《幼儿园来信》中做了报告。

幼儿园来信

小林宗作

四月二日举行了入园式。十四个新生精神抖擞地开始上幼儿园了。（中略）

扩建工程也终于完成了。有了设备良好的盥洗室，开始练习刷牙了。有了美术室，我想把它改成兼具儿童美术馆、博物馆功能的工作室，改造工作进展顺利。独立的榻榻米客厅做成了六叠[1] 大小的空间，还有带沙地的阳光房，都是给最小孩子的班级专用的。隔壁长四叠的房间做成了陪送室。旁边设置了一间八叠大小的西式房间，作为接待室兼静养室。这样，设施就基本改造好了。把陪送室设在小班隔壁，好像是个败笔。有时陪送人员多达七八人，房间里聊得热火朝天。有时好像还会传出不堪入耳的话，还

---

1. 叠，日语写作"畳"，亦可写成"帖"。典型的和式房间，面积是用榻榻米的张数（叠）为单位计算的，1 叠就是 1 张榻榻米的面积，根据日本不动产公正竞争规约施行规则，基准为 1"畳"等于 1.62 平方米，根据日本不同地区的分类会有不同的尺寸。

会有人唱些卑俗的流行歌。其他我想基本上足够了。

关于这些，我要感谢母亲会的支持。托了母亲会的福才建设得这么好。

幼儿园的花坛也造得相当漂亮。杜鹃花落了，郁金香花落了，现在燕子花和雏菊花盛开了。今年百合花似乎要早开，花蕾已经长大，盛开时节，定会美丽飘香。（完）

我觉得有一件事特别棒，那就是毕业仪式上的毕业证书全部是宗作老师亲笔书写的，上面绝对没有夸张地盖上黏答答的印章。而且，他是斋戒沐浴，清洁全身后才去出席的仪式。宗作老师自称是"古典的人"，换句话说就是"我是老派的人"。但重要的是对每件事情都会认真对待的用心，人不分古典还是现代，做事情的时候都应有这样的觉悟和干劲。如今，都战后四十年[1]了，我们从事教育工作的人，需要重新清理以前所获得的权利和意识，重新审视出生成长起来的人类和生物的生命的严肃性。难道不是吗？培养下一代，是建立在父母等大人们的牺牲之上的。正因为培育了下一代，这种牺牲才变得快乐和充实起来。如果拒绝付出这种牺牲，教育就不能成立。

阅读宗作老师的这类报告，老师身上传递出来的那种爱总会直击人心。他总是在脑海里描绘着能为孩子们做点什么，只

---

1. 作者写作本书的时间为 1985 年。——编者注

要是对孩子有好处的事情，就会付出一切努力去尝试。不过好像也有过败笔。把陪送室建在了教室隔壁，结果陪送人员吵闹得很。听说当时成城学园是一所月薪很高的学校，来上幼儿园和小学的孩子们，小的时候都有女佣陪送。现在，哪里的幼儿园都是母亲或者校车接送。但当时是女佣陪送的，所以等待放学的这段时间吵闹的聊天声不绝于耳。就连我的教室，只要有几个母亲来送孩子，聚到一起，立刻就会说说笑笑，有时甚至连孩子们的声音都听不到了。

尽管如此，宗作老师也没有直接斥责女佣们说"别吵了"，而是在报告里这样写道："……房间里聊得热火朝天。有时好像还会传出不堪入耳的话，还会有人唱些卑俗的流行歌……"也许他是在通过这样的方式提醒家长们自律。宗作老师大概已经想象到了，如果直接训斥女佣，她们在回家的路上反应到孩子们身上的将会是什么。

这段时间留下的随笔中还有一篇也很是有趣，特介绍于下。

裸体生活

小林宗作

（前略）有的孩子一天也不说一句话，有的孩子急脾气，有的孩子不好伺候，什么样的孩子都有。一句话，带起来费劲、脾气怪、神经质，这些都不是孩子的自然状态。那么让这些孩子过过裸体生活会怎样呢？我想肯定会有效果。

就为这个，这次建起了阳光房。阳光房里有沙地，有草坪，还有各种玩具。就让孩子们戴条兜裆布在里面玩耍。我相信孩子们的性格肯定会发生变化。不消说，健康上会有益处的。

最近开始鼓励裸体运动，更多的是从健康、卫生的角度提倡的。单从卫生方面讲，裸体生活就会有了不起的效果。但我却认为，裸体生活有着更多的意义，不仅局限于卫生方面。

古希腊运动盛行，造就了健美的身体。那个时代诞生了精美的艺术（尤其是裸体雕塑）。但仅仅把这个事实解释为因为运动盛行、体魄健壮所致，我认为是不充分的。这个普遍解释漏掉了某种东西，而我恰恰在我的裸体生活中看到了这某种东西所具有的深刻意义（关于"某种东西"的解释，我想另行撰文）。

裸体画、裸体雕塑，近代美术家们也喜欢创作。他们中间有的还被认为是技巧卓越的美术家，但我甚至想说，他们的作品中堪称杰作的一件都没有（尤其是在日本的展览会上我会这样想）。为什么呢？我认为就是因为"漏掉

了某种东西"。（后略）

——摘自《全人》第二十五期，昭和四年（1929 年）六月号

宗作老师所预告的日本人漏掉的"某种东西"是什么，我找得很苦。老师似乎并没有就"关于'某种东西'的解释""另行撰文"。

不过我想，可以根据宗作老师后来总结体态律动教学的几本册子推测出那"某种东西"。让我武断而带偏见地推论一下。人类的五官——视觉、味觉、触觉、嗅觉、听觉往往会产生通感作用。例如，耳朵听到了有节奏的音乐，腿脚就想舞蹈起来；眼睛看到了梅干，嘴里就会产生酸味。

在这种感官感觉出色的人身上，感觉的作用会相互联系交流，再现印象没有障碍，可以自由生活。而且感觉出色的人生活上耗费的时间和劳力少，可以拓展、深耕生活的方方面面。要在生活中让身体做种种活动，就是说，运动的根源在于心。运动不好，亦即体操不好，就是心里没有理解到位。相反，如果看到形体动作可以读懂人的内心，那么，通过运动（体操，包括身体动作）的矫正训练就能够培育人的心灵。

协调、控制心灵与身体动作的是什么？是"节奏"！人们正是通过节奏培育心灵，并学会用这种心灵统治、控制身体的。所以，节奏训练是完成音乐、舞蹈、体操、美术、工艺、形体美的极佳肌肉训练。正是这种节奏感的缺乏，才使日本的

裸体画和雕塑变得无聊、乏味。我认为，"漏掉的某种东西"，不正是这种节奏感吗？！人们还可以从宗作老师的强烈主张上来理解。他的理念就是，可以把节奏感当成一把钥匙，通过平时控制"大自然与人的和谐"来发展天赋。

我的这个推测，主要依据是昭和十四年（1939年）四月宗作老师散发的一本为保育员撰写的油印册子里的一张"综合节奏教育"图表。我猜想宗作老师想说的大概就是这个，便主观地改写成了上述文字。

不过，这正是体态律动教学的根本理念。如前所述，就是要通过节奏运动的训练精心地培养、延伸人类智慧的方方面面。正因为如此，在宗作老师看来，裸体生活在指导性格方面是非常重要的。经节奏训练过的心灵与身体，必定会让人们产生"什么样的形体都是美的"审美意识。它让人们的心灵变得非常丰富。

这里说几句我自己的事情，甚是惶恐。从我的教室走出去的孩子（几乎都是女生）进了大学以后，只要有时间就会聚集到教室来兴致勃勃地做身体运动，跳舞、跳跃……如果聚集几个人，就会随着某人的即兴演奏进行列队运动，互为编舞，跳上好几个小时，玩起来没完没了。当然，她们都是大人了，不再裸体了。她们中间没有一个人正式学习过芭蕾舞和日本舞蹈，但她们每个人都能娴熟地使用身体灵巧地满场运动，让我感动不已。她们只是从小坚持体态律动训练，对活动身体感到习惯和亲切而已。

一般认为，宗作老师从昭和三年（1928年）到昭和四年（1929年）写文章最多。仅根据我的调查，这两年间在杂志上发表的就达十七篇之多，其中论文十二篇，随笔两篇，报告三篇。尤其是论文，不是简单介绍第一次留学时学到的达尔克罗兹体态律动教学法的文章，而是宗作老师自己的思想、方法论的展现。其中包括：

1.体态律动教学概论；

2.节奏教育入门；

3.唤醒造型能力的练习方法；

4.舞蹈改革论。

所有这些都是以达尔克罗兹体志律动教学法为主线，反复思考留学时学成并带回国的东西后形成的。一般认为，这里反复思考、反复推敲的东西，都成了宗作老师日后写作《综合节奏教育概论》和《幼儿的节奏与教育》等著作的原始材料。

所谓体态律动教学是什么？宗作老师实际教授的又是什么？这些用文章表达非常难。但在前面已经部分介绍过的随笔《论幼儿园教育之可否》（《全人》昭和四年〈1929年〉四月号）中，有一篇浅显易懂地叙述宗作老师基本思想的文章，很有趣，愿部分介绍于此。

这篇随笔，最初是宗作老师为反驳昭和三年（1928年）三月前后报纸所载小学校长、老师们批判幼儿园教育的言论而撰写的。

　　……有一篇报道，意思是某位著名小学的首席训导说："我们小学约有二百多名新生，其中有五六十名幼儿园毕业生。但把二百多人分成四个班时不考虑这些，都是当作什么都不懂的孩子从头教育的。幼儿园来的孩子起初一段时间成绩好像挺好，但过了半年一年，就没有什么区别了。所以，上不上幼儿园没有什么两样。"某小学校长讲话中有这样的意思，说幼儿园来的孩子调皮，不听老师的话，注意力容易涣散，不好教，即使一开始很多事情能做得很好，过个一两年也会跟其他同学一样。所以还是不要送孩子上幼儿园为好。

　　针对这两个说法，请允许我阐述一下我的想法。

　　一、要把二百多人分成四个班，如果其中有五六十个孩子是幼儿园毕业生，那不是足够把他们专门编成一个班了吗？这样做对其他班级有什么妨碍吗？

　　二、建立幼儿园毕业生班，根据他们每个人的实力快速推进教学又会怎样呢？有什么理由非要等着其他落后的班级呢？为什么要强行地同样对待情况不同的孩子呢？为什么硬要将懂事的孩子与不懂事的孩子同等对待呢？

　　三、不听老师的话、精神不集中、调皮等，怎么就是孩子的罪过、幼儿园的罪过了呢？这种说法颇为卑怯。我认为，教师不论带什么样的孩子（极端例外不好办），带了两三个月还不能按照自己的想法自由调动他们，这样的教师作为教师是不合格的，不能嫁祸于人。说句大话，我有体验，至少这件事我有信心这样说（莫笑我自夸）。

孩子，不让他充分发挥自己已经具有的才能，他才不会待在那里三四十分钟一动不动。所以，他听不进愚蠢老师的说教，还会做出些调皮捣蛋的事来。孩子的注意力是不可能集中在已经完全了解的事情上的。难道不是吗？

四、就算一开始成绩好后来也会跟其他同学一样，所以送不送孩子上幼儿园都行。多么荒谬的论调啊！是谁把一开始成绩好的孩子弄得跟其他孩子一样了？！比二二得四还简单正确的道理被莫名其妙地搞错，甚是遗憾！（中略）

单纯在教室里读书写字，那不是孩子们的生活。以孩子们在教室里的表现没有区别作为理由，抹杀幼儿园巨大的成绩，是不合理的。人类生活的价值应该更加复杂一点吧。话虽如此，我却不会很快下结论，一概而论地说那些老师特别不行。一个年级要收五六十个孩子，要做到对他们一一予以合适的照料，就算是拥有非凡本领和头脑的教师也是很难做到的。从体验上讲，我对此也能予以充分的同情。但对条理紊乱的奇谈怪论，我却不能听之任之。就是说，把过错嫁祸给幼儿园，对自己做的事情避而不谈，这样的论调对幼儿园的老师们很是失礼。这篇报道实际写出了四大项，我也认为很自然。让我做，我想也会是五十步笑百步。但我想，这种场合，以己之不足为耻而沉默是为明智……

仔细阅读宗作老师这篇反驳文章就会发现，里面渗透出宗作老师内心深处的恐惧，他害怕对拥有不同能力、才华的孩子们实行平均化、一刀切的教育。换句话说，里面渗透出的是宗作老师不能容忍教育无视个体尊严的思想。这是一篇饶有兴味的文章，从中可以了解宗作老师的坚强意志、热情、柔善。他认为，也许自己也做不到，但连能不能做到都不尝试一下就转嫁责任，这是不可原谅的。考虑到宗作老师晚年变成了一个沉默寡言的人，这篇年轻时热情奔放甚至过激的文章让我们了解到，宗作老师的思想和行动是发自内心的一种多么强烈的内在要求。

在宗作老师留下的文章中，还有一篇是大正时代撰写的，讲了"儿童歌曲之今昔"，同时直接、具体而强烈地表达了自己的意见，饶有兴味。

在《论幼儿园教育之可否》里，还有一段有趣的文字，写到宗作老师窥探到其他幼儿园的实际情况和他对此的看法。此外，还有一段文字可以让读者了解到宗作老师是如何持续关心

《窗边的小豆豆》中"便当"里"海里的东西和山上的东西"——营养的。这里接着介绍。

  ……若干年前，我曾经在某幼儿园隔壁住过。虽然隔着篱笆，但经常能够清楚地看到保育的情形。狭窄的院子里，很多孩子嬉闹玩耍着。逼仄的空间硬是立着秋千和滑梯，很不协调。很快铃声响起，年轻的女老师嘎吱嘎吱、扑哧扑哧地弹起进行曲，很拙劣，风琴就要散架了。孩子们可怜兮兮地排起整齐的队伍走进教室，不久便随着钢琴弹奏的进行曲做起律动游戏和表情游戏。我认可律动游戏在某种程度上还是有意义的，至于表情游戏，怎么想都很怪异。我认为，如果表情游戏只是作为单纯的游戏让孩子们做做，倒还没什么，但如果在单纯的游戏之外另有所求，可就是大错特错了。艺术学上如何才能解释这一点呢？好几年来，才疏学浅的我怎么也找不到解释。（中略）

  很快就到中午吃便当的时间了。我一份挨一份地看了便当，我想知道在这里营养得到了多大程度的重视（我到任何地方的幼儿园，都会特别注意观察便当）。我不得不认为，凭这样的便当，很难让孩子们茁壮成长。培养过花草苗就知道，只有两片叶子的时候就受了冻，以后的成长不可能让人满意。我认为这是幼儿园诸多问题中最大的问题。

吃完便当，孩子们又在杂乱狭窄的院子里玩耍了一会儿，一点钟左右就回家了。后来我看过很多地方的幼儿园，都是大同小异。当然，这些幼儿园肯定不会日复一日天天如此，里面肯定多少会有把保育真正做得很好的幼儿园，但总体上看上面所讲的那种幼儿园居多……（完）

我们这些人没有上幼儿园的经历，附近虽然有幼儿园，但只有很少几个孩子（而且是有钱人家的孩子）去上。我自己在有三岁孩子和四岁孩子以前，根本没有思考过上幼儿园的必要性。我的发育高峰期是在战争中度过的，接受的教育净是为国家而死。所以，那年代也许没有谁脑子里会思考如何增长幼儿的才能。但如果真是期盼孩子幸福的教育工作者，当然会像宗作老师那样，不可能无视幼儿期教育。"大人会莫名其妙地忘掉自己三岁、六岁时也曾走过的路，俨然已经忘记自己也是经过幼年时代、少年时代、青年时代持续发育，最终才变成大人，才为人父、为人祖父的……"正如宗作老师所言：

……才需要幼儿园教育，而且是最需要的。在人类生活的一生中，在人类教育的所有时代中，没有比这更重大的问题了。质疑其可否，甚为愚蠢。不好的幼儿园积极地改良就好。不，把孩子托给不好的幼儿园，不是幼儿园的不好，是家长愚蠢。如果认为是不好的幼儿园，积极地退园就好。这样，不好的幼儿园就会倒闭消失。这不是很得要领的逻辑吗？！如此重大的问题没有第二个！请勿犹豫！东京很大！日本很大！相信真正的好幼儿园很少，但只要去找就好。打着大大的灯笼去找就好。这可是家长的当务之急和应尽的最大义务。孩子生而具有接受最好教育的权利。如果家长不能清醒认识到现实，真正的教育工作者就会很可怜。拯救教育工作者的不是学者，也不是硕儒，而是家长们……

宗作老师在呼吁，语气强烈。而且，他的要求来自亲身体验和实际感受，让人们看到了"家长教育"的萌芽，饶有兴味。在公立机构以外实际从事儿童教育就能了解到，孩子要走的道路在相当大的程度上受到大人的感觉、思维和对事物的看法的限制。没有比直接套用家长的兴趣、想法来判断孩子行为的家长更加摧残孩子这株嫩芽的了。在每天忙忙碌碌的社会生活里，不听家长话的孩子的确惹人上火，但反过来说，一天到晚当家长的应声虫的乖孩子，有极大可能会被培养成没有任何主见的人。

在什么点上建立起良好的亲子关系，使之通用于社会生活，取决于家长能在多大程度上了解自己并持续关注自己。正因为特别难，真正思考孩子们幸福和未来的幼儿教育工作者，总是在致力于思考如何做好母亲教育这个命题并实施母亲教育的同时，从事儿童教育的。宗作老师的业绩中，找不到关于母亲教育的具体记录。但听黑柳彻子女士和其他许多人说，宗作老师经常与家长谈话。所以，日后宗作老师说要独立的时候，家长中崇拜者层出不穷。他们甚至说：

——"如果小林老师开办幼儿园，我们什么都肯支持！"

——"老师家的米柜我包了，别担心，一心一意搞教育吧。"

——"如果小林老师开办幼儿园，我就让孩子转学过去。"

现在，配餐制度中孩子们的营养平衡都是科学分配的，但宗作老师在当时的状况下就对营养非常关心，实属难能可贵。关于孩子们营养供应的记录，只能从这篇文章和《窗边的小豆豆》里写"海里的东西和山上的东西"一节及另一处看到。然而，为了孩子们身心平衡发育，应该如何做？这个问题总像本能的嗅觉一样搅动着宗作老师的内心。正是这样的心思，让他实现了完全自然的"配餐"。金子巴先生曾经提起过他的母亲，说："不，她就是一个毫不起眼的朴素的普通母亲。"但我觉得，她切身感受到了丈夫对工作的热情，是丈夫最坚强的战友。日后宗作老师第二次留学时，老师的夫人带着孩子，很是担心钱的问题。但这种事，她从未在宗作老师和孩子们面前表现出一丝一毫，也未抱怨过一丝一毫。

言归正传，在《论幼儿园教育之可否》中，接下来触及制度，提出了问题：为什么要把六岁当作幼儿园和小学的分水岭呢？从种种情况考虑，是不是可以提前半年乃至一年？并强调，孩子们的发育因时代背景、环境状况而不同，必须随时把握。文章中阐述：满六岁才能上小学的决定是在对这种现实认识把握不足的情况下做出的，所以小学教师才会批评上了小学的幼儿园毕业生。为了弥补制度上的这种缺陷，文章还提出了高明的方案。

……在幼儿园与小学相结合的学校，教师的工作是不是也能完全结合起来呢？比如，建立保育员兼训导、训导兼保育员的制度，希望拿出一些办法，让幼儿园的保育与小学低年级的教育在一定程度上结合起来。

现在什么样的孩子都能上幼儿园了，尤有必要认真思考这个建议。我仿佛听到了现场的老师们在说："这事儿，私立不清楚，公立做不到！"连是公立还是私立都成了大人眼中区别孩子的方法，难道就不该用着眼于孩子们发育状况的有机制度对待孩子吗？

这以后，宗作老师对幼儿园本身进行了批评，同时摸索了幼儿园究竟应该做什么，并进行了总结。

……幼儿园的保育跟小学低年级的教育内容混为一谈了。幼儿园搞概念上的智育还不是时候。(这是理所当然的，谁都会这么认为，但落实到实际上，我却放不下心)幼儿园时期能够丰富孩子们各种生活经验，为培养孩子长大后接受智育教育时需要的理解力和感受力打下基础就好。这个基础正是唤醒孩子的感性，让他们发育。(中略)幼儿教育的内容如何确定呢？为了方便，下面将分项叙述，但实际是无法分项的，必须在未分化状态下整体视之。敬请了解。

扼要记叙如下：

A. 智育

谁都希望有一个聪明的头脑。传统的教育存在偏重智育的缺点。对此很多人都是认同的……可以相信，没有健全肌体的头脑就没有真正的聪明。而且，年纪越小头脑就越受肌体的支配。

B. 肌体教育

要造就带来聪明头脑的健全肌体，需要怎样的体育呢？……卫生意义上的健康未必带来聪明的头脑。因此我不得不断言，要达到这个目的，传统的学校体育是不完善的。

C. 神经的特殊训练

神经是协调、结合心理活动和身体活动的。神经的作用就像电线之于电……神经的作用是否敏感，直接影响到精神活动对肌体的作用。最需要注意的是，我们人类心里想的事情，哪怕再小，付诸实践时，无一不是通过肌体得以实施的。……通俗一点说，可以把我们的心灵当作汽车上的司机，把肌体当作汽车。如果汽车颇为精巧，可以随心所欲地行驶，司机就会颇感自由。心灵的自由会唤起心灵的愉悦。愉悦是道德意识的动力。与此相反，如果汽车老旧，发生点故障，就不能如司机所愿发挥能力。在这种场合，越是不如司机所愿，司机就越是焦躁、烦闷、痛苦，会得神经衰弱，而且颇感不自由。不自由就是不悦，不悦就是恶劣德行的萌芽。

由于上述原因，为了让精神活动最佳地作用于肌体，需要基于神经组织分析的特殊神经训练。正因为如此，智育、体育才会产生真正的意义。而且，这个问题一旦错过幼年时代，采取什么样的方法都将无法挽回。

D. 感受性教育

……宇宙的客观现象通过人类的眼、耳、鼻等如实地映现到人类的神经中枢。但人类的感受方式却因中枢这张底片的质量而产生巨大差异……传统教育似乎仅仅满足于把这种感受力的差异称作个性差异，但人们可以允许人类的头脑呈现与事实不同的反应，就像照相机彻底失去色彩那样吗？就算色深、色浅可以容忍，但违背事实是不能允许的。不管有什么样的个性差异，我想，就算不能彻底解决问题，人们也是可以在方法上下功夫唤醒感受力，让其发育的。因为可以想象，由于现代科学的进步，不久就能发明出可以感受并拍下色彩的照相机。这样一来，人们可以认为，真正意义上的头脑好坏取决于感受力的感光度。

E. 感觉教育

为了了解精神界与物质界的关系，人类有了感觉。感觉能否正确而灵敏，直接影响到感受力是否正确、灵敏。所以可以认为，感觉的好坏直接关系到头脑的好坏。例如，戴上有色眼镜，与事实不同的颜色就会传送到神经中枢。有时可以摘掉眼镜看，但肉眼却摘不掉，所以，只要感受到一次的错误，就至死也纠正不了。有一次我对某位教育家说了这事，他说："你啊，这难道不是整形外科医学或营养学方面的问题吗？"我认为是谁的问题不要紧，教育家去做也好，医生去做也罢，只要正确就行。

F. 艺术教育

一般认为，在所有教育中，真正的艺术教育对孩子身心的正确、充分、和谐发育所起的作用最大。不仅如此，艺术教育还会引导孩子形成宗教性格。例如，在数学里，二二得四，一万人重复再多遍，结果都是四。但在艺术里，几百人几千人想把作品做得一样是不可能的。没有任何事情重复多遍都会一模一样。在人的一生中，任何事情都无法逆转重来。我认为，艺术的这种作用具有很重大的意义。

其次，一般认为，在深受当代主智、科学的教育影响的时代，人们很难直接信仰既有宗教。道德也同样。现代的年轻人不可能直接接受旧道德，而且很难想象当今时代能够形成一种对现代青年有吸引力的强大道德。说到底可以认为，宗教和道德都已经失去了对现代人的控制作用。世界年年岁岁无限制地扩张，很快就会迎来一个高亢地响彻不和谐音的时代。我认为，能给这个世界带来和谐并统治下去的，大概除了艺术就无他了。所以，艺术教育具有迥异于过去时代的巨大作用。

G. 韵律教育

韵律教育是通过身心的节奏运动调整神经作用，以图身心协调发育的新教学法，可以帮助孩子协调想象力和执行力，唤醒想象力，发展创造力。关于这种体态律动教学已在其他文中阐述，此处从略。可以在此确定地断言，体态律动教学是所有艺术教育的基础，其中包含所有人均不可或缺的真正全人教育的极其关键要素。因而我相信，通过这种体态律动教学的原理，可以建立起完善的儿童教育方法。

H. 营养研究

……我认为，幼年时代的营养是否合适关系到孩子一生的寿命、体质、气质。所以，在幼儿园要让孩子们吃在营养研究基础上做出来的便当。但我并不认为学者所谓营养研究就是至高无上的。所以，一日三餐每餐都吃那种营养餐是危险的。我主张，在家可以让孩子们随意吃自己喜欢吃的东西，在幼儿园则按照学者们的菜谱供餐。

I. 散步、园艺、饲养动物

根据反复原理和人类文化史学说，可以尝试把幼年时代当作原始游牧时代来考虑。所以我一直留心研究原始人的生活状态，将之应用于幼儿生活。而且我认为下这样的功夫是必要的：越小越要原始，随着渐渐长大，再不断扩大与现代文化的接触面。

J. 杂乱与噪音

小学部田中老师回国两三个月时有一次对我说："莫名其妙地感到身体疲劳。"我想那是因为东京比巴黎混乱、嘈杂。日本的学校普遍钩心斗角，吵闹烦人，肮脏不堪。这些都会让人莫名其妙地感到疲劳。与其他相比，我首先想要的是宽敞的院子。要把幼儿园的孩子限制到最少。幼儿园最忌讳杂乱和噪音。

K. 持续发展

丰臣秀吉并非一开始就梦想当关白[1]的。我在二十九

---

1. 日本古代官职，是辅佐成年天皇掌管政务的要职。

岁前做梦也没有想过留洋。孩提时代，我管不到自己会不会像现在这样长成一个大人。不知不觉就长大了……幼年时代最要生活得像孩子，这样才会成为最好的少年、青年。所以，幼年时代就要让孩子们尽情享受幼儿时代特有的生活。有些东西事后能够挽回，有些则不能，必须注意观察。

我目前思考的实际方法计划大体记录如上。（完）

这篇《论幼儿园教育之可否》的论文形成了宗作老师后来思想发展的基础。以此可知，老师始于音乐教育的教育活动，到了昭和四年（1929 年）这个阶段，已经把视野扩展到了包罗万象的全人教育方面，并一一扎实地付诸实践。金子巴先生说过，父亲总是教育他"永远要看到二十年以后"。这篇文章如实地反映出了这句话。尽管从现今的教学法来看，宗作老师的教学思想存在各种问题，但在当时则无疑是充满先见之明的崭新思想。

对感觉的看法，对肌体的想法，对神经组织、感受性的思考，以及对艺术教育、节奏教育的观点，还有对营养问题、散步、园艺的讨论……不论读到哪一条，都是教育家必须思考的基本问题。而希冀在环境和生活层面上深刻把握这些的态度，就是在今天也完全适用，是我们必须学习的生活方式。

宗作老师留学欧洲，把那里的合理精神和优秀文化所产生出来的新教学法学到手才回来。对他而言，也许日本就是一个节奏缓慢、充满不合理的社会，是一个与他的理念背道而驰，既难以创造出充分的环境，又难以居住的社会。当然，宗作老师最大限度利用给定的条件，得以与幼儿共同生活在这个社会之中。这样的才智，毫无疑问成了他日后为日本儿童创造出独特体态律动教学法的巨大力量。

在日本社会结构中，一点一点做大自己视为理想的教育的过程中，宗作老师的内心产生了一些疑问，发现了一些教学法方面必须解决的问题。

其中之一就是，必须培养"优秀保育员"即优秀幼儿园教师。这是进一步推广好幼儿教育所必需的。为此，宗作老师倾力于在玉成保育员培养所和东洋英和目白保育员学校等处培养保育员。进入昭和年代后，宗作老师还在百忙之中抽出时间，在私立自由保育员学校、东京都教育会附属保育员传习所、东京都厚生事业协会附属保育员培养所（担任主事）、东京都立保育员学院为培养保育员而尽心尽力。而且，为了培养保育员，宗作老师还举办体态律动教学讲习会，长年在日本全国巡回讲习和演讲。

讲习会的内容如何、形式怎样，我们这个时代的人并不十分了解。但我手头有一张昭和四年（1929 年）暑假在大阪市举行体态律动教学讲习会的宣传单，愿介绍于此。读着宣传单，宗作老师的热情和意图扑面而来。

达尔克罗兹式体态律动教学法讲习会
——节奏运动法、听觉器官开发法、钢琴即兴演奏法
（宣传单正面）

理论：

1.节奏教育的逻辑基础（写给心理学者和教育的论文）

2.节奏手册

3.音乐教育改革论、舞蹈改革论（不良兴趣和邪道的拯救之道）

4.节奏与……音乐、舞蹈、诗歌之关系如何

5.肌体与精神、想象力与执行力、想象力与创造力之关系

6.趣味性、品位与表现之关系

7.神经作用与身心功能之协调与发育

实际之一：认知韵律运动法，认知肌肉节奏感之觉醒，认知增进表现力和创造力之声音鉴赏，使表现力与创造力得到发育。

1.将音乐的节奏、旋律、和声转化为具体肌体运动之法

2.将运动的节奏、势能、协调翻译成音乐之法

3.唤醒造型姿态、造型意识之训练法

实际之二：听觉器官开发（新音乐教学法）：属于传

统音乐教育的基本练习，却又根本不同，了解这一点，教学法将迅速产生巨大变化。

实际之三：钢琴即兴演奏法：这是把韵律运动法及听觉器官开发法的规律与音乐具体化相结合的特殊训练法，可以唤醒触觉意识，教授用钢琴把旋律、和声、韵律、音乐的思想演奏出来。

讲师：小林宗作先生（巴黎体态律动教育学校毕业，成城学园幼儿园部部长，该学园小学部、女子学校部讲师，玉川学园讲师，东洋英和女子学校师范系讲师）

日期：昭和四年八月二十日至二十四日，每天上午九时至下午四时

会场：明日幼儿园和大丸宿舍礼堂

（天王寺区生玉寺町　电车线路 1：在下寺町下车，穿过生国魂神社，在东门前向南行至二丁尽头；线路 2：在上本町八丁目下车西行，在天王寺区公办市场向西行至尽头；路线 3：在椎寺町下车北行，在二丁余天大王寺公办市场向西行至尽头）

会费：4 日元。开会当天缴纳。

申请地址：加急明信片寄至天王寺区生玉寺町"明日幼儿园"（电话：南 4132 号）

注意：远道而来的会员可根据所愿介绍住宿。

主办：明日幼儿园

顾问：文学博士谷本富

医学博士樱根孝之进

药学博士本村彦右卫门

体态律动教学法

（宣传单背面）

达姆罗施（全美音乐视学总监）曰：体态律动教学法现已为全世界心理学家、教育家、兵法家等完全肯定。这个方法如果教给了全世界的孩子们，必将带来一场心灵的革命，诞生更加精英的人类。

石井漠曰：当今世界盛行之学校游戏、体育舞蹈、艺术舞蹈等，无一不是依据体态律动教育之精神者。

也许存在有意识与下意识的区别，但可以说，舍此精神则物体运动不能成立。体态律动实为物体运动之基础，物体运动之母。小林老师直接师承达尔克罗兹学习体态律动教学法，是唯一很好习得此法的日本人。我为我国教育界、舞蹈界得小林先生而感到窃喜。

山田耕作曰：在为数众多的艺术中，舞蹈和音乐是最早诞生的艺术孪生子。所以，这两种艺术的胎内流淌的必须是同一种血液。这种血液是什么呢？那正是节奏。没有把握住音乐真髓的音乐家由于不了解流淌在舞蹈和音乐这对双胞胎体内的力量，把音乐单一地视为一堆流动的音，受到节奏小节——拍子——的严重拘束，他们的演奏把难得的美音流动表现成了呆板痛苦的声音。我总认为，由于现在的音乐家、舞蹈家都忽视这个重要问题，对其研究不管不顾，反倒使这两种艺术处在了痛苦挣扎之中……

体态律动教学法创始人达尔克罗兹是真正看清了音乐原本之"姿"与"心"的音乐家。他太热切地希望让音乐学习者早日懂得音乐之"心"，故而发现了这个方法。迄今为止，教育家做了种种尝试，但不得不说，其中多数都不是触及本质的真货色，应该说就是所谓"艺道教习"。我恳切地向教授幼儿体操、游戏、音乐等的诸位兄弟姐妹推荐：要相信为了解何谓体态律动教学所做的微薄努力，将引导诸君走进美与真的世界，让诸君获得最清楚地了解真正音乐和舞蹈之"心"的绝大愉悦。（完）

印在淡绿色粗草纸上的讲习会宣传单，给人饱经时代沧桑的夸张感。如果是现代人，大概会制作感觉更时髦的宣传单。不过，在这张宣传单上，非常巧妙而且全部地包含了宗作老师想说的、想做的所有事项。看到这些，老师醉心于体态律动教学，想方设法让大家了解体态律动教学的热切愿望扑面而来。顺便说一句，现在的物价约为昭和四年（1929年）时的2500倍，所以4日元的讲习费相当于现在的1万日元，相对于五天的讲习而言，这个收费是相当低廉的。

还有一个问题必须解决。第一次留学时学到了体态律动教学法，回国后开始了体态律动教学实践，结果接二连三地涌现出很多疑问，如音乐节奏与造型节奏之间的关系、音乐与体操的关系、语言与音乐的关系……这些问题不能不予以解决。于是，无论如何都要再度赴欧洲学习先人足迹的心思，在宗作老师的心中越发强烈起来。

而且还有一个大目标，那就是要取得达尔克罗兹本人的许可，以便在日本有组织地进行达尔克罗兹律动音乐教育。于是，昭和五年（1930年）宗作老师离开日本，再度赴欧。当时，长女美音子女士九岁，长子巴先生五岁。

第二次留学

第二次留学时都学回了些什么，在宗作老师回国后撰写的报告里有简明扼要的记载，特录于此。在这篇报告中，老师第一次在署名的地方加上了"日本体态律动教学协会"的头衔。这是此次留学所获得的巨大成就。

回来了

小林宗作

（成城幼儿园日本体态律动教学协会）

已经是去年的事了。在大家的多方支持下我从东京出发了……

托了大家的福，我顺利结束了预定的旅行，于一月十七日抵达东京，再次回到了令我怀念的成城。种种回忆在我的心田里，在我的脑海中飞速旋转。出发时，又是电影放映会，又是研究发表会，又是送别会，给大家添了很多麻烦。（中略）

我一直在心里期盼，一定要拼命努力，决不辜负大家的厚爱，一定满足大家的期待，否则对不起大家。休整一小段时间后我将着手新的实验。恭请大家比以前加倍地支持我。

下面我概略地报告一下此次旅行。

1930 年（昭和五年）

3 月 5 日　　　　离开东京

3 月 9 日　　　　抵达大连

3 月 10-16 日　在大连、奉天参加满铁社会课主办的体态律动教学讲习会并主讲

3 月 17 日　　　抵达哈尔滨。在哈尔滨市日本人小学发表演讲。离开哈尔滨

3 月 24 日　　　抵达莫斯科。参观革命博物馆。离开莫斯科

3 月 27 日　　　抵达柏林

3 月 30 日　　　离开柏林

3 月 31 日　　　抵达巴黎

4 月 2 日　　　　访问体态律动教育学校，开始调研

5 月 9 日　　　　离开巴黎。抵达日内瓦

5 月 10 日　　　拜访达尔克罗兹先生，协商成立日本体态律动教学协会事宜

5 月 13 日　　　召开评议员会议，商讨批准成立日本

体态律动教学协会事宜

5月12—15日　　参观卢梭研究所（教育研究所）附属幼儿园

5月15日　　　　离开日内瓦

5月16日　　　　抵达巴黎，逗留。访问新教育协会，参观公立和私立幼儿园、保育员培养所、男子高等师范学院和女子高等师范学院、精神发育不全儿童教育所、邓肯舞蹈学校、歌剧院附属舞蹈学校

研究事项：达尔克罗兹式体态律动教学法、德乌迪内式节奏学即几何学的节奏、凯德式钢琴教育法（面向儿童）、热达尔日[1]式音乐教学法（面向儿童）、色彩的节奏、节奏学等

10月19日　　　离开巴黎，抵达布鲁塞尔。参观德克罗利研究所幼儿园

10月31日　　　离开布鲁塞尔，抵达巴黎

11月3日　　　　离开巴黎

11月4日　　　　抵达米兰（意大利）

11月5日　　　　访问帕卡内拉氏新音乐教育研究所。研究帕卡内拉式钢琴教学法

1.　热达尔日（André Gedalge 1856—1926），巴黎音乐学院教授，拉威尔、米约等出自其门下。——编者注

11月9日　　　离开米兰

11月10日　　　抵达斯图加特（德国）。参观华德福学校（自由学园）

11月13日　　　离开斯图加特

11月14日　　　抵达米兰。继续研究帕卡内拉式钢琴教学法

11月22日　　　离开米兰

11月23日　　　抵达柏林

11月24日　　　入学博德的体育学校。研究表现体操

12月21日　　　离开柏林

1931年（昭和六年）

1月1日　　　抵达哈尔滨

1月3日　　　抵达大连。由"满铁"学务课主办举行体态律动教学法讲习会

1月12日　　　抵达奉天。由"满铁"主办举行演讲会，题为"节奏与教育"

1月13日　　　离开奉天

1月14日　　　抵达京城。由京城府教育会主办举行演讲会，题为"节奏与教育"

1月15日　　　抵达仁川。在仁川纪念幼儿园母亲会发表演讲，题为"我之幼儿教育"。离开仁川

1月17日　　抵达东京，回国

在以上十一个月里，有很多人都是我应该经常写信的，但旅行的心情真的很奇妙，未来的希望比梳理过去更具吸引力，恰似《青鸟》中的蒂蒂儿那般一个劲儿地朝前追逐新的希望，时间最终就在疏于通信之中流逝了。[1]请恕不周，特借杂志版面谨致歉意。（中略。对在各地叨扰过的各位表示谢意）

达尔克罗兹模式体态律动教学法主要以时间节奏为对象。相比之下，德乌迪内模式律动节奏教学法的特色是与几何学相结合，以空间节奏为对象。热达尔日模式的特征在于练耳教育，凯德模式的特征在于心理学基础。德乌迪内模式的节奏学非常深奥。

去视察幼儿园的方针就是想大致了解一下蒙台梭利模式、德克罗利模式、卢梭研究所模式、杜威模式、托儿所模式等类型的幼儿园。

米兰的帕卡内拉模式钢琴教学法是一种相当有趣的方法。以直立的姿势开始全身的柔软体操，落座之后在桌子上练习指法和手腕的使用方法，然后转向钢琴。这是一种

---

1. 《青鸟》是梅特林克的六幕剧，于 1908 年首次公演。剧中人物蒂蒂儿和米蒂儿兄妹在梦中到处寻找幸福的使者青鸟，翌晨醒来却发现青鸟就在自家的鸟笼里，于是明白了幸福其实就在身边的道理。

非常新颖而适合教育的方法。

博德的表现体操展示了各种肌体运动的特色做法，是我最感兴趣的。关于运动本身的原理，我觉得比体态律动教学法更为出色。博德是哲学博士，爱好钢琴，正在进行体操研究。仅仅听到这些，我就感到脑子里有种东西在砰砰作响。

此次旅行中所研究的东西大体如上所列。所有这些都达到了各自的境界，不但创始人自己，就连世人也都是予以认可的。但我认为，如果把它们各自孤立起来，要想达到应用于儿童教育的目的是很难发挥出完善的意义的。我打算依据体态律动教学法的原理，把所有这些的特征全部综合起来，应用于幼儿教育。（中略）

最后，我要特别表示谢忱，感谢奥老师及顺利留守的幼儿园老师们，感谢留守时兼任部长的田中小学部长及保护了学园的职员们，感谢家长们，感谢左邻右舍在我不在期间对我家住宅的照料。真的很感谢，特此致礼！

这次一定要建一个真正出色的幼儿园！敬请大家加倍合作与助力！（完）

——摘自《全人》第五十七期，昭和六年（1931年）三月号

在仅仅十个月左右的时间里，宗作老师马不停蹄造访各地，勤勉学习，值得惊叹。尤其是新方法论的发现与研究，成

立日本体态律动教学协会申请的正式获批，桩桩件件……可以说，第二次留学是一次收获颇丰的旅行。

在此期间，宗作老师关心留守的孩子们，囊中羞涩，一筹莫展，拜会达尔克罗兹请求召开日本体态律动教学协会成立审议会……这些情况在前面部分介绍过的致奥寿仪老师的书简中有生动的传递，故介绍于此。幸运的是，奥寿仪老师生前将书函交给了金子巴先生，得以留下了三封。遗憾的是书函保存、整理的状态不完善，书简的信笺与信封被分拆后再也对不上了。可以推测，当有更多书信往来。

致奥寿仪书简①

奥寿仪女士：

让你担心了，很抱歉！您寄来的钱已收到，请放心！感谢您经常来信。还请多多关照！

说一下上次打电报的原因。事情已经过去了，而且情况有所好转，现在本也没有必要说的，但怕你担心，就解释一下。

其实，我在柏林待了三天，其间做了种种调查，发现柏林有很多很好的研究，觉得二十天左右做不完（最初计划打算在柏林十天结束），便改了主意，想收集材料（书籍）后去巴黎，在巴黎、瑞士、意大利办完事再来柏林，在柏林落脚。于是开始收集书籍。在柏林，买了两天的书，竟花掉了150日元。然后来到巴黎，第二天就去了体态律动教育学校，结果认识的老师全都离开了，只有一位认识的秘书还在，都是年轻教授，学生减少了，学校变得很冷清，听说现在不招男生了……这样一来待在巴黎也没有用了，于是改变了想法，打算在巴黎转转书店就去日内瓦。而日内瓦没有银行与日本的银行有直接关系……而且，似这样计划不得不接二连三地变化，旅行途中钱就会用光的。实际上，我打算请银行电报汇款过来，一收到款就动身去日内瓦，一直在翘首期盼着。打了两次电报，钱也不来，不得已给家里打电报，也只汇来了100日元。这样是无法动身的。（并非在巴黎就没钱而一筹莫展）总之，来到这里，就要记住时间就是金钱，所以我觉得空度时日而一事无成是很遗憾的。

巧在那段时间恰逢基督教的复活节，全校放假两周（四月十四日至二十八日），我的情绪也稳定了下来，也就哪里都没去。这期间，搞清楚了体态律动教育学校的情况。去年秋天，学校经营方与教师方终于因摩擦分裂了。原有教师七人联袂辞职，抱团另建了一所学校，经营火爆。原学校向我隐瞒了此事。我去新学校一看，认识的老师全都在，大家见面都很惊喜，好好地叙了旧。这样一来，待在巴黎也行了……既如此，电报引起的骚扰就成笑谈了。现在，周围的教师全都认识，可以尽情提问，搞研究，反倒是好事，很是感谢。如果电报汇款来了，我就会颠沛流离，不知道现在在干什么了。现在我非常感谢您没有当即汇款。这对你我都是坏事变好事。这就是天助吧，感恩！

这样，我就在巴黎落了脚，做了种种调研，一样有好东西。在音乐教育方面也找到了好材料。现在，除了体态律动教学法之外，我还在学习音乐教学法（新方法）和钢琴弹奏法（新东西）。

先前我把再次赴欧的目的和使命告知了达尔克罗兹老师，并请求拜会。回信来了，让我十一日上午十点去他的学校。于是我十日早上出发，当晚抵达日内瓦。到了七年前下榻的旅馆，老板、老板娘都还记得我，很有意思。

第二天拜会了达尔克罗兹老师，讲述了详情，他非常高兴。但是，达尔克罗兹说他已年逾七十，不知道哪天就会去世，所以从去年开始协会的组建变得非常困难。现在，所有经营全部移交给了理事会，达尔克罗兹已经不能一个人说了算了，说要紧急召开理事会。两天后理事会召开，我也出席了。我很想说终于阐述了日本的情况，但实际上全部是通过口译的，词不达意，让我无限烦恼……不过，理事们很理解，最终按照我的计划解决了。

我正式接到了理事长亲笔签署的许可证（在日本开展

体态律动教学项目）。

非常愉快！其实我也不知道，根据保护发明者权利的法律，自去年开始，与本协会无关者禁止打着达尔克罗兹体态律动教学法的旗号从事教学活动。由此，我……不，日本体态律动教学协会获得了日本全国的监督权，今后在日本从事任何体态律动教学活动，都要接受我们协会的监督。如有行事不端者，我们协会就有予以禁止的权利。怎么样？请举杯庆贺吧！大家一起……这样就等于把制定体态律动教学应用于日本幼儿园、小学的方法全都委任给了我。就是说，未经日本体态律动教学协会许可者不得从事体态律动教学啊。要好好学习啊！……请把这件事跟现在召集起来的人们好好说说，团结起来，齐心协力。我现在打算带回日本的教授是现任柏林公立音乐学校的教授，说是曾在日本音乐学校任教的船桥教授和国立的井上织子、弘田龙太郎等（井上、弘田参观，船桥老师听视唱）。此事尚未决定，因为他是体态律动教育学校的第一届毕业生，是十五年前毕业的，我觉得他学的东西有一点陈旧了，正在考虑。

关于这边派过去的教师，要派遣搞过两三年研究的人，在日内瓦学习半年左右。（我说三个月亦可，达尔克罗兹不同意）如果是日本体态律动教学协会派遣的，就完成培养，授予教授执照。这个执照世界统一，是高等音乐学校（专门学校、大学）教授的资格。这是总部的规定。

请让上野君看一下这封信，我想让他成为日本的第一位派遣生。

在日内瓦还有卢梭研究所，是比大学更高端的教育研究所。简要来说，这个研究所最终是培养校长的。我打算深入研究一下这里的幼儿园后再回去，所以想六月十八日起去日内瓦十天左右。还没有决定。

在卢梭研究所参观了两天，十六日回到了巴黎。六月二十日以后怎么办还很难确定。因为现在还看不清我在巴黎开始学习的钢琴弹法究竟好到什么程度。如果这个方法真的好，我想九月以后也要继续学下去。如果并没有那么好，就想去柏林。所以，要再多学一点才知道。（中略）

现在，我跟翻译、小森让君的哥哥三个人合伙居住。盼望来信鼓励。今天就写到这里。失礼了！

（钱的事家里也很担心，请跟他们说说。一件事写好几封信挺麻烦的）

金子宗作（完）

这封信于昭和五年（1930年）五月十八日发自巴黎。读了这封来信，我总是既感动又惊讶。当时的人会冷不丁一头扎进从未见过从不了解的国度里去，遍访各地，碰运气式地挨着个儿寻找适合自己研究目的的地方。放到现在，首先是在日本把一切了解清楚，做好充分准备，然后再花两天左右坐飞机去。而当时是坐轮船、火车，花近一个月的时间才能到欧洲，然后满处寻找自己应该去的合适地方。真的佩服这种勇气和热情！尽管如此，我还是对宗作老师嗅觉之敏锐，或者说聚焦目的的决断之准确和判断之迅速感到惊讶。第一次留学时也是，在短时间内向各种各样的人请教，确定要学习的就是达尔克罗兹，别无他人，便立即投入其门下，集中付出最大努力去习得。

读了这封信可知，宗作老师第二次赴欧洲，在抵达柏林后，三天内，就迅速进行了各种调研，转了很多书店，收集了资料。当时的 150 日元相当于现在的 35 万日元左右，两天之内就花出去了这么多购书费，可以说行动力、决断力相当了得。为此钱款用尽，这才催促电汇。在等待钱款时又听说一件趣事，达尔克罗兹的巴黎学校已经分裂了。经营者与教师的意见冲突导致学校一分为二的事情可能很多，但对日后卷进成城骚动旋涡中心的宗作老师来说，亲眼看到了经营与教育这种二律背反的现实，在他的心中又会作何感想呢？

总之，宗作老师在抵达柏林前的三周时间里，在中国东北地区举办了讲演会和体态律动教学法讲习会；经莫斯科抵达柏林后的约一个半月里，跑遍了巴黎、瑞士，夯实了成立日本体态律动教学协会的基础，获得了授权书，同时参观了各所学校，探究了各种各样的教学法。在后来的半年里，他走遍了欧洲，去了布鲁塞尔、巴黎、米兰（两次）、斯图加特，还研究了新式音乐教育、体操学校等。回国途中还在大连、哈尔滨、奉天、京城、仁川等途经主要车站各地应邀发表演讲，举办了体态律动教学讲习会，向身在国外的日本家庭普及幼儿教育。有人要问：时间如此之短暂，别说不能进行彻底的研究，真正又能理解到什么地步呢？有人会想：难道不是只看了个表面吗？然而，有一封珍贵的书简可以证明宗作老师是如何在短时期内拼命学习吸收体态律动教学法的，特介绍于此。

下面是宗作老师第一次留学时，在达尔克罗兹研究所师事的恩师蒙托柳教授写来的一封信。宗作老师是在欧洲逗留期间收到蒙托柳教授从巴黎写来的这封信的，当时宗作老师具体在何处却不太清楚。

蒙托柳教授致小林宗作函

小林宗作先生：

您非常热心、聪明、有热情，所以我非常高兴教您体态律动教学法。而且，我惊叹于您的理解之迅速。

尤其是您不会讲我们国家的语言，但您却能瞬间把我们的方法、理论和实践变成自己的东西。对您的这种能力，我感到心悦诚服。

如果您能继续学习体态律动教学法，并把钢琴即兴演奏的学习继续下去，毫无疑问，您一定会成为一位卓越的教师。

我认为，仅凭您在如此短暂的时间里掌握的知识，就足以在所有儿童教育中得到卓尔不群的结果。

衷心祝福您顺利回到日本，与健康的夫人和千金重逢。

谨向亲爱的小林先生致衷心祝福！

雅克－达尔克罗兹研究所教授

普拉希德·德·蒙托柳

1924 年 9 月 19 日

可以认为，写给宗作老师的这封信里应该同时寄来了蒙托柳教授的签名照片。因为茶箱里贴着蒙托柳教授的照片，被珍重地保存着。

此外还有一封克拉拉·巴尔贝隆·布鲁克教授的信函。这位布鲁克教授是位女性，可以认为是宗作老师第二次留学时师从的教授。

布鲁克教授致小林宗作函

亲爱的小林先生：

您从在欧洲获得的知识和经验中收获极丰。我能为此提供一点微薄的帮助，真是我的荣幸，非常高兴。

在此，唯愿我所实践、信奉的达尔克罗兹教学法能够在日本得到广泛的普及。期盼有机会还能与您共商您所感兴趣的任何问题。预祝我们能在欧洲或日本再次相会。

雅克－达尔克罗兹研究所教授

克拉拉·巴尔贝隆·布鲁克

1930 年 11 月 2 日

在茶箱中躲过战祸的这两封信和下面要介绍的一份文书，无疑都是宗作老师的恩师给他的亲笔信，非常珍贵。这两封信，为我们证明了留学欧洲时宗作老师出类拔萃的学习劲头和才华。宗作老师平时在有限的时间里，尽最大努力吸收一切知识的情景跃然眼前。我想，他一定是达尔克罗兹研究所的教授们都赞不绝口的学生。正如在给奥老师的信中写道的"……可以尽情提问搞研究，反倒是好事……"那样，宗作老师得以跟恩师们探讨关于儿童教育的所有问题。

发现这两封信和一份用打字机打出来的文书时，我莫名地感到宗作老师一下子走近了我，非常感动。也许是因为恩师眼里所看到的宗作老师客观地展现出来了，而且还是一位卓尔不群的学生……

话说珍藏在茶箱里的另一份文书，可以说就是达尔克罗兹研究所颁发的对成立"日本体态律动教学协会"的正式许可证。

1930 年 5 月 13 日，根据宗作老师的请求，理事会于达尔克罗兹研究所就在日本组织体态律动教学一事进行了讨论，结果颁发了这份许可证。翌日，宗作老师正式收到了理事长署名的这份许可证，由此日本体态律动教学协会迈出了第一步。现做概略介绍如下。

达尔克罗兹研究所理事会致小林宗作函

小林宗作先生：

经协商，我们委员会对您希望把雅克－达尔克罗兹教学法引进日本的学校，在日本普及发展该教学法的想法甚感亲切，同时由衷地感谢。特此约定，为便于您开展此项工作，我们将提供力所能及的合作。

您将在日本介绍达尔克罗兹的思想，在东京建立达尔克罗兹教学协会，在幼儿园、小学、进而一般成年人以及私人课程等中进行体态律动教学，并希望有良好资格的教师前往日本。故我们特为您引荐了夏洛特·佩珐小姐。她迄今为止一直在柏林教授达尔克罗兹教学法，并希望考虑您的建议。我们期待您与佩珐小姐的协商最终获得成功。

此外，为了培养日本教师，我们协会将派遣有资格的教授赴日，在其指导下学习一年到两年的人可以来日内瓦参加达尔克罗兹教学法正式教师资格考试。为此，我们讨论了开设专门讲座许可事宜，认为在这种情况下，须遵守研究指导要点及日内瓦中央研究所各项规则（课程、作息、经济保障等）。

预祝您的计划取得更大成功。期望体态律动教学在日本得到更多关心，取得更大发展！

理事会秘书长（署名）

1930 年 5 月 14 日于日内瓦

这份文书可谓是一份委任状。5 月 13 日，达尔克罗兹协会召开理事会，讨论宗作老师请求在日本建立普及体态律动教学法组织事宜。宗作老师也出席了会议。这份文书把若干确认事项写成了文字。宗作老师在寄回日本的信中，怀着激动的心情传达了他在此期间的活动情况。信中写道："我正式接受了理事长亲笔签署的委任状（在日本开展体态律动教学项目）。"我认为，所谓"委任状"就是这份用打字机打出来的文书。我不太懂法语，为了读懂这些信函文书，借助了很多人的力量，但实在搞不懂这位秘书长[1]的签字究竟用日语怎么写才好。

宗作老师成功地为日本体态律动教学迈出第一步打下了基础。昭和五年（1930 年）五月起，他在巴黎逗留了一段时

---

1. 小林宗作在给奥寿仪的信中说委任状有"理事长"亲笔签署，此处则为秘书长签署，似可存疑。

间，调查研究了各种各样的音乐教学法。关于这些，昭和九年（1934年）至昭和十年（1935年），《学校音乐》杂志（共益商社书店发行）上分十二期详细连载了宗作老师以《欧美音乐教育界之相》为题的研究论文。该杂志在东京艺术大学图书馆里有藏。

话说在宗作老师留学期间，日本的幼儿园教学也在继续。入夏后还是要举行体态律动教学法讲习会。宗作老师在欧洲，把留守的事情交给了奥老师。可以想象，她和其他有关老师们因主心骨不在而遇到的种种艰难。宗作老师身在欧洲，但钱款的事、孩子的事等，他也件件挂在心上。他那无微不至的关心和担心的情形，都留在了写给奥老师的信函中了。

致奥寿仪书简②

奥老师亲启：

感谢您常来信！托您的福，我了解了情况。水池的事情我也曾那样考虑过，位置、大小都很好。请多多关照！

幼儿园也增加了人数，辛苦了！也请多多关照！我也一心想这次回去后建一个真正很好的幼儿园，正在各个相关领域如饥似渴地坚持研究，请您放心。天越来越热了吧。这里不像日本那么热，现在穿冬衣都还无所谓。马上又要放暑假了。这封信寄到的时候，又要去玉川体验生活了。如果像往年一样又要在玉川生活，一旦有人溺水的时候，全是女性处理起来会很麻烦。所以，请你们予以充分注意，要么考虑采取绝对办法不去水深的地方，要么花上二三十日元费用雇好一位船老大，千万不要出纰漏。预防万一的事故也是马虎不得的，大家一定要好好协商××[1]。

还有，这就又到了投入体态律动教学讲习会准备的时候了。找找看，也许还有去年的广告。如果找不到，去年七月号《全人》的封二上应该刊登过。请您看看，做个参考。请跟上野君和大家商量一下，充分发挥出你们的本领。失败了也不要紧，要下定决心，勇于尝试，大干一场。这样就会出乎预料地产生自信，觉得人是伟大的。请跟上野君多商量。会费照旧。因为我不在才要涨价，没有必要降价。

还有，宣传的时候要公布：体态律动教学协会已经成立，达尔克罗兹担任名誉会长，协会是直属性质，明年达尔克罗兹将派遣教授来日，小林回国后将同时开设研究所，曾经听过讲习的人将尊享进入高级班的特别优惠。这些都要大力宣传（赞助人可列举日前的规则书"盖黄色明信章片者"中的人员名字）。请大大地宣传。明年我就要带着教授回国，马上就需要巨额费用，所以拜托您，请您

---

1. 此处二字不清——作者注

作为筹备活动，现在就开始大力宣传教授即将到来，必有特惠。会场与往年一样利用小学的礼堂……我也已拜托小原先生，所以我想您只要跟他打个招呼就行。小学的事情请您拜托上野君。筹备费用往年的用度是 100 日元到 150、160 日元，这笔钱您可以到我家去取（我也会跟家里说好），也可以从幼儿园的费用中借（请事先跟田中老师商量）。啊，对了，对了，体态律动教学的月酬金怎样了？我彻底忘掉了。跟孩子的班级加在一起收入有多少？是不是没有跟你们商量过酬金的分配？出发的时候乱糟糟的没有记忆了。这事办砸了。我，上野君，您，三个人没有充分商量好，所以您二位之间是不是有些事不好说、不好做啊？这事要向您二位道歉。请原谅！不过这事如果你们已经决定好了，那就照办吧。儿童班和成人班，请二位分一下工吧。就请在友好协商的基础上恰当分配工作和酬金，愉快地活动吧。现在情况如何，能请您告诉我一下吗？这个问题只涉及您二位，可以与他人无关×[1]。请尽快告知我会计状况，如有难办的事情、情况不好的事情，也请尽快告诉我。不过，如果您二位可以商量解决的，就不必说了。这笔月酬金集中起来，如果可以挪作他用而无碍，也可以把它们用于筹备。总之我会跟家里说好，请使

---

1. 此处一字不清——作者注

用，别客气。（中略）

　　还有，能不能从学园今年的玩具费、教具费或图书费中挤出少量费用呢？尽管需要玩具、教具，但拍摄影像的摄影机，16毫米的，花上100日元就有特别好的，所以我买了一台。还有一些日本没有的其他小玩意儿，但我的预算已经捉襟见肘，得控制着花了。如果可能，我将在回国时报销实际费用100日元或50日元左右，请跟田中老师协商后挤出这些钱款吧。拜托了！我想明年回国后很快就能填补，所以现在请您设法挤出来吧。请商量一下。（中略）

　　这次请在银行问一下汇率行情。如果10日元能兑换超过120法郎，就请汇法郎过来。如果低于这个数，就换成英镑汇来。给您添麻烦了，请多多关照。路上就算二十天左右，八月初到就行。家里我也说好了，让家人把钱集中起来。请使用。

　　总之以后还会写信。

　　我去德国延期的事情，见到小学的田中老师和幼儿园的老师及家长们的时候，请转告他们。

　　万望保重身体！

宗作

六月十四日

致奥寿仪书简③

奥寿仪女士：

七月九日的挂号信今天收悉。里面确有钱款，请放心。一再一再地请您随信寄钱，诚惶诚恐！我人不在，如您所知，家里孩子多，哪怕外出一步都很费劲。实在不好意思，请多多关照！回国以后定当重谢！……只是说说，什么也做不了，敬请宽容。河畔生活的照片我正欣赏，以为乐事。河畔生活的情形蒙您详细告知，宛若就在眼前，非常开心。我曾预祝讲习亦成盛事。怎么样了？您母校的讲习亦为盛事，太好了！就是要这样一步一步地积累起来。

大概是六年前吧。直到开讲当天才只有一个人……那就是奥老师您啊！那又怎样呢？从第一步到有七十个弟子……很了不起啊！难道不是吗？！就算我回去了，也请您不要降低这个势头，要不断推进。

本尾菊子的事情值得思考。这××[1]是毕业班的吧。再拖不就要留级一年了吗？我认为，看情况晚一个学期是可以的，但让她晚两个学期毕业，就要考虑了。我们让她推迟两个学期毕业，她又能有多大进步呢？这就是问

---

1. 此处二字不明，疑为"孩子"——作者注

题。就算把她放在同样环境里时间久一点，也不可能有明显效果，不如让她换个环境，把这个机会利用起来，岂不更好？我是这样想的，您看怎样呢？我认为，我们把她放在羽毛一样无关轻重的环境里，还觉得她发育慢发育慢，而她的身体却已经不知不觉地一天天茁壮成长了起来，就连智力的潜力也都形成了。您怎么看呢？因为她在幼儿园，家长也会把她当孩子，老师和她自己也会这样看。但把她送进小学，家长就会尝试改变想法，认为她已经是小学生了。如果老师们也试着把她当作大孩子对待，或许就会发生改变。本来就不会长得那么慢。无论是在心理学上还是在生理学上，发育迟缓达到一年，就证明身体出现了障碍。所以，没有障碍的孩子发育迟缓，只是人们是那样看待而已，本质上发育是不会迟缓的……我是这样考虑的。(这主要是家庭的问题) 让她上半年小学看看情况怎么样？我也会给田中老师和本尾家长写信的，请你们也重新考虑考虑。请代向菊子母亲问好。井上、远山诸位老师怎样了？

这段时间，原番町小学校长现京桥昭和小学校长（就是桧山[1]那里的校长）服部翁来巴黎，到五日为止，逗留了两周左右，我陪同他去了很多地方。他将于五日晚离开

---

1. 日本姓氏——编者注

巴黎，八日离开马赛，九月四日、五日前后回日本。（中略）我也是，七月十日，学校开始放假，每天整理笔记、翻译。十月，新学期开始，会再次对整理好的事项进行调研，完成后，想从十月底开始再去一趟日内瓦。在那里逗留一周左右，研究卢梭研究所的幼儿园。然后再去以前去过的米兰，逗留一周（研究音乐教育）。然后去德国的斯图加特逗留一周（研究色彩节奏）。然后去柏林逗留一个月左右（研究博德的节奏体操）。打算十二月底前后返回，一月底前抵达日本。我不知道到了柏林情况会怎样。我想到了柏林以后可能会有很多有趣的东西，所以或许不一定会那么早地离开。不过，这样做，钱可能会用光，也许会弄得不甘心回国也得回国。也罢，这事先放一放吧。这一趟，我将扎扎实实地研究节奏学。我正在做准备，打算在节奏学领域成为实实在在的日本第一。

谢谢您寄来《教育周报》。说说 K 氏的报道。他写的东西奇妙得很咧。我被狠狠排挤到角落里了……他还说……我回去后更要边缘化我……不过以他为中心吧。还是同志，不是敌人，最终还得携手。我也变得相当地温吞水了吧。我以后也不再固执于体态律动教学法这一个点了……因为我的好东西多着呢。把体态律动教学的一部分交给 K 氏也是可以的……怎么样？我变得大度多了吧。啊哈哈……真开心！

稍微盘点一下达尔克罗兹吧。

达尔克罗兹的父亲是德国人，母亲是奥地利人……所以他是纯粹的德意志型的人。[1]他是先研究德国流派的哲学，然后才研究音乐的。音乐研究的是法国流派，所以他研究体态律动的基础学问都是法国的。研究一开始就有人给他当助手，其中有一位叫德乌迪内的人。这个人脑子比达尔克罗兹好，研究得更深，后来成了达尔克罗兹嫉妒的对象，最终争论起来，不欢而散……如今此人的研究超越了体态律动教学法。我现在就跟着这位老师。他和他的夫人都非常好，很爱我。只要见面他们就说，把小巴带来，我们把他培养成法国风度。真让我感动落泪。

再说体态律动中的身体运动，是由一位荷兰舞蹈家编排的。这位舞蹈家几年前去世了。达尔克罗兹的夫人是意大利前国王的私生女……怎么样？比K氏了解得更详细吧。啊哈……

以此作为第一卷的结尾吧……

入泽宗寿博士好像在《教育周报》上嘲笑法国教育，说法国教育是旧式的灌输式的。但法国的学问生出了世界

---

1. 达尔克罗兹是瑞士国籍，出生在奥地利。——编者注

学问的卵，很奇妙吧。体态律动教学法完全是由法国学问完成的。我正在尝试收齐达尔克罗兹研究过的原本，很详细。法国的教育方针一百年前起就没有改变过。以数学和艺术为基础的教育，百年不变，不断发展。如猫眼睛般瞬息多变的日本教育，稍微学习一下这一点才好。法国教育没那么可笑，大家都这么看。回国后就用法国式对抗德国式、美国式吧……这些话听着肩膀都会僵硬。回去后介绍一些柔和轻松的情况吧。啊哈……

今天就此打住，失礼了！

宗作

八月八日（猜读[1]）

读了书简②（1930年6月14日自巴黎）和书简③（据推测为1930年8月8日发自巴黎），可以很好地了解宗作老师用心之细腻。尤其是对留在日本的幼儿园孩子们的关怀方式非常专业，让我不由得钦佩。夏天乘船在玉川游玩时，要做好预防事故于万一的心理准备，在此基础上想好应对策略，提前做好准备。为了防止孩子溺水，事先雇好一位船老大。这些听起来都是不起眼的理所应当的事情，但为了也许不会发生的事故而不惜拿出金钱提前做好预防，却是难能可贵的。请回想一下最近

---

1. 此处原稿字迹不清不好辨认，故作者注"猜读"。——编者注

两三年日本各地儿童会、学校郊游、野营时孩子溺水、摔落导致带队老师被家长起诉的事件吧。再细致入微地小心注意，事故也会突如其来地发生。原因总是一瞬间的内心疏忽。要预先填补这种内心的疏忽，能填补多少就填补多少。教育现场永远要求具有这种用心的关照，能做到才专业。但专业并非只顾预防。有时还必须拥有敢于冒着风险面对困难的勇气。

在书简③中，宗作老师中所担心的孩子成长慢的问题，尽管不知道结果如何，但可以说是宗作长年培养起来的关于儿童发育的专业观点。当然，现在肯定也有很多老师会做出这样的判断。但在这样孩子很少的家庭里，父母过分保护孩子，自以为已经看透了孩子的人生未来，过度干涉孩子的教育，为此现场的老师们对冒险感到犹豫，不再冒险。看到这些，我觉得，自信地面对风险是一桩需要巨大勇气的事情。支撑这种勇气，当然需要学问与经验、直观与判断力和说服力。在这个意义上我认为，留存下来的这些信件很珍贵，可以从中透视出宗作老师的职业感性。

此外，从这两封信可以感受到宗作老师第二次的巴黎生活是多么的充实，充满了研究的愉悦。前面也提到过，在巴黎逗留了五个月左右，其间调查研究的量是庞大的。让我们想象一下宗作老师的学习方法。首先，到了当地就去逛了一圈书店，采购了看中的书籍。短时间内过目了这些文献，然后向朋友咨询，了解作者的情况。如果他有兴趣，觉得必须自己进行体验性学习，就会去拜访研究者、研究所，直接讨教。宗作老师用这样的方法接二连三地拜访老师，展开研究。这种方法对不对，由于不了解当时欧洲的情况，无法判断。

饶有兴味的是，在那个时代的法国，委实有很多教育家提出自己研究出来的方法，相互竞争。现在也是，美国接二连三地开发出钢琴法和视唱法，涌进了日本。尽管文化有质的不同，但我莫名地感到背景颇为相似。经过古典派、浪漫派发展到民族再认识，再到受到东方尤其是日本强烈影响后诞生的新艺术派狂飙……美国文化顺应这个潮流，产生出了独具特色的世界，又因第二次世界大战而把强烈的目光投向了东方。不管哪种文化，都曾经历过从已经形成的文化高度中蜕变出来的痛苦。换句话说，正因为艺术任何时候都在试图从传统中挣脱出来，唯其如此才会追求变化，得到发展。也许二者都处在这样一个时代，需要采用某种形式重新审视自己构建起来的文化。

任何艺术都会用到人体的某个部分，所以需要技术把它用好。这种"技术"要遵从人类心灵的需求，即人们要进行技能的训练，达到可供使用的状态。因此，人类心灵的需求方式越是变化，变得更加深刻，就越是要求技术多样化、高端化。如此开发、习得的技术又会产生新的表现式样，接着再次形成传统。文化就是在这种格式化循环往复之中创造出来的。人们在把这个时候新开发出来的东西传承给下一代的时候，总是试图突破传统文化的水平。也许只能说，这就是人类的生存本能。

在日本，音乐教育，不，人的教育，在方法论上已经走到了尽头，而宗作老师也身在其中。可以说，正因为如此，他才不得不抛弃一切向欧洲寻求点什么。假如这种要求不强烈，短时间内搞那么多研究肯定是不可能的。而法国恰恰就有合适的素材。这对宗作老师而言是非常幸运的。第一次留学习得的达尔克罗兹体态律动教学法，以非常的感动刺激了宗作老师的教学法。然而，几年后再度赴欧，遇到了雨后春笋般涌现出来的新方法论。其中有的反对达尔克罗兹体态律动教学法，有的超越了，有的有了更高追求。他惊叹了。所有这些激起了他怎样的学习欲望，超出了我们的想象。

其中，他感兴趣的是德乌迪内的研究。这在后来把"声音的节奏""色彩的节奏""线条的节奏"统一起来，发展成了一个术语——"综合节奏教育"。德乌迪内的原著就珍藏在宗作老师的茶箱里。然而，茶箱埋在了战时被烧毁的废墟里，挖出来后里面的德乌迪内原著已经被烧坏，虽然经过认真的修复，但是已经无法完整阅读了。

宗作老师对金钱的感觉可以说是非常淡泊的，但绝不是没有感觉。毋宁说他是在非常细致的关照下考虑经济的。不过那只是对待他人，对自己家的家计却很粗放。留意阅读书简②和书简③里所描写的有关"钱"的地方就可以清楚地知道，他的措辞是非常小心的，表现出了他对合作者的用心，不让对方的心因为钱的事情受到伤害，而且不让别人因为钱而感到一丝卑屈。但是，对儿童教育有用的东西，只要他认为需要，就会像一个渴望玩具的孩子，无论如何都要弄到手，否则就会坐卧不安。结果，因为这一点而最辛苦的就是操持家计的夫人。作为一个教师的宗作老师，两次留学，养育三个子女，还有来自欧洲的催款……似这样，工资再高，家计也还是艰难。

金子巴先生的话

……父亲总是说："不要固执于金钱。"只要你拼命做好应该做的事，金钱就一定会跟着你。他反复讲："不要对金钱太敏感。"从任何人都还不屑一顾的时候开始，父亲就拼命搞体态律动教学，在这个思想下致力于教育，最终得到了成城学园家长们的认可。一定要拘泥于金钱去搞，作为职业的教育就会变成为了生活的教育，最后就不再是"为教育而存在的学生"，而变成"为教师而存在的学生"。正因为不是这样，当父亲独立时，成城的家长们才会说：小林老师做的是好事，大家一起支持他。但具体做法也不是以家长为主的人们掀起大规模募款运动，而是请大家捐出一砖一瓦的钱。所以，家长们纷纷说"小林君的米柜我包了""决不让老师家里漏一滴雨"……

"只要自己拼命做……金钱就一定会跟着来"。这个钱当然供不起奢侈。这工作是教育工作，跟赚钱的营生相去甚远。而且这不是搞经营内容丰富的教育产业，而是在与为数不多的孩子们一个一个地深入相处的过程中，一点一点地培养孩子能力的教育。这种教育收取的钱，肯定是一分钱都不能浪费的。不浪费，但也不吝啬，在必要的事情上大方地使用。在这些信函中感受到了宗作老师的这种经济观念后，不得不反省现在的日本真是够奢侈的啊！

话说在取得巨大成果、结束第二次留学回国后，宗作老师开始把他的研究成果实际应用在成城学园的幼儿园、小学、女子学校的教育上了。就像前面多次讲述的那样，这不是单纯的音乐教育，而是通过节奏教育为应用于人格形成方方面面的、立足于广阔视野的人的教育打基础。第一次留学欧洲回国后，宗作老师写了很多介绍和研究达尔克罗兹体系的论文、随笔。相比之下，第二次留学后与其说发表文章，不如说更多的是通过教育现场活动发表成果，举办讲习会，教育生活过得很充实。而且在第二次赴欧前后，次女美青[1]（现本间美青女士）、三女美代小姐出生了，宗作老师的四个子女全了。

昭和六年（1931年）宗作老师回国后，"日本体态律动教

1. 美青（みさを），即《窗边的小豆豆》里的美佐——编者注

学协会"在成城幼儿园成立了。从此以后，宣传单、广告上的主办方名称和文章署名的头衔，都用黑体字写上了"日本体态律动教学协会"的字样。在此之前，一直是列举节奏运动法、听觉器官开发法、形体造型练习法等项目来介绍达尔克罗兹的体态律动教学法的。这时，宗作老师已经想出了"综合体态律动教学法"这个术语，可以在一个术语之下包括所有项目了。请看昭和六年（1931 年）八月号《教育问题研究》中用线条圈起来的讲习会海报。

达尔克罗兹式韵律教育　　讲习会

小林案：综合节奏教育

讲师：小林宗作

日期：八月一日至七日上午八时至下午四时

会场：成城小学

会费：5 日元

申请：请尽快申请并同时缴纳会费

主办：成城幼儿园内日本体态律动教学协会

凝视着这份简单明了的广告，可以看到三十八岁的小林宗作那逾越障碍、迈出充满自信与自豪步伐的身影。但无论如何，这不是在日本开始原样复制达尔克罗兹的体态律动教学法，而是宗作老师按照自己的方式做了力所能及的研究和比较，进行归纳总结，开创了适合日本孩子的"综合节奏教育"。不能不说，这是一项非常伟大的业绩。为什么呢？来听听宗作老师自己说的话吧。

……体态律动教学基于节奏，所以要相信，遵从节奏所具有的特性必将对人类生活的方方面面产生伟大的影响。但达尔克罗兹老师明确说过这样的话：

"相信我的方法对人类生活有各种各样的效果，但我现在专心于音乐教育范围内的研究。"

故此可以说，体态律动教学是靠前项三个专业（一、节奏体操，二、听觉器官开发法，三、钢琴即兴演奏法）完成的。

但我根据自己过去数年的经验认为，仅在音乐领域里专门搞体态律动教学，是一件甚为遗憾的事情。原因是我确信体态律动教育的的确确还可以构成其他各种艺术指导的基础原理。这就是我再度奔赴欧洲的原因。也就是说，我计划根据体态律动的原理创建所有儿童艺术的指导原理，而现在我欢呼雀跃地回国了。（中略）

这中间，与音乐节奏即时间节奏研究相对的有空间节奏研究，即让·德乌迪内的几何学节奏研究。这种几何学节奏可以应用于舞蹈、体操、芭蕾舞、创意、平面设计等领域。而且，关于空间里不可或缺的色彩，德乌迪内的色彩编配研究委实有其益处。我相信据此可以推进色彩节奏的研究，相信这种空间节奏和色彩节奏的研究很快就能产生出手艺、手工、美术、建筑的指导原理。我相信达尔克罗兹式的节奏体操作为节奏运动没有缺陷。但我还相信，在肌体运动方面，鲁道夫·博德的研究更胜一筹。

博德的研究把肌体的每个关节当作弹簧，利用每块肌肉的弹力，利用肌体本身的重量等。这些技巧是我最感愉悦的东西。其次，在音乐教育改革方面，凯德可以成为钢琴教育、热达尔日可以成为练耳的重要参考。还有帕卡内拉的钢琴教学法，是一项颇为愉快的研究，触碰钢琴前要做特殊的体操，而这种体操正是后面触碰钢琴键的重要基础性素养，甚是有趣。

此外，帕卡内拉的读谱练习法也很特殊，非常有益。

以上各项，件件都是值得世界自豪的研究。我现在打算采用节奏原理把所有这些统一起来，创造出一种全新的综合节奏教学法，建立一套完善的艺术教育原理。

关于综合节奏教育，我想在六月的研究会上详细发表，恭请批评指正。

——摘自小林宗作《节奏的教育》，载《全人》第六十期，

昭和六年（1931年）六月号

就这样，第二次留学取得了成果，即在宗作老师心中构筑起了幼儿教育、儿童教育的擎天柱，通过后来的活动，体态律动教学讲习会、大学授课等被绵延不断地传承至今，在日本的音乐教育界渐渐拥有了重要地位。

据宗作老师去世时追悼会议程上所记录的内容，自大正十四年（1925 年）以来，宗作老师作为讲师，在长野县举办了十场讲习会，并在广岛、熊本、东京、新潟、青森等三十多个都县举办了节奏教学、音乐教学、钢琴教学、综合节奏教学等各类讲习会；从昭和二年（1927 年）开始，历时六年，由大阪朝日新闻社社会事业团主办，每年举办为时一周的讲习，召开节奏、音乐、教学法、综合节奏教学的讲习会。就这样，他一直坚持在全国各地举办讲习会，直至昭和三十八年（1963 年）去世那年。

综合节奏教育

宗作老师独立思考建立起来的"综合节奏教育"是什么呢？现在读来，我们可能会认为那是以简单事项为原理想出来的，不禁发出"什么呀？就这个呀！"的感慨。但当第一个吃螃蟹的人，还是很艰难的。任何事情都是这样。如果没有长期的经验、广博的学识、深邃的洞察力和把这些统合起来的能力，点子是出不来的。哥伦布的鸡蛋，知道了就会认为没什么了不起，但要有实力才想得出来。这里就用宗作老师最早撰写的论文来介绍一下这个"什么呀？就这个呀！"吧。

何谓综合节奏教育

小林宗作

体操、唱歌、钢琴、图画、手工、写字、诗歌、舞蹈等各门学科存在共同要素。综合节奏教育就是科学分析这些要素并用节奏学加以整理而形成的体系，是各门学科以最少努力获得最大效果的指导方案，是得以用一个原理指导各门学科的新型组织体系。综合节奏教育可以开拓天分改造的道路，创造富有节律的性格。

我确信，让一个原理如此地适用于教学科目，那这个指导原理的形成对现代教育界而言不啻为一大问题。这就是它的性质。

我很想在此充分论述这种原理可否成立，但限于版面，便打算极简单地略述元素性内容。

宇宙……人生……生命……处在运动之中。据说"rhythm"（节奏）一词在古希腊时代是"流动"的意思。

物质界和精神界不再运动之日，就是世界一切终止之时。

何谓运动？运动就是时间、力、空间构成的场所形成的一种现象。世上没有任何事物能与时间、空间、力无关而存在。

时间、空间、力，正是一切人生问题的共同要素。所以显而易见，这三者的研究结果必将关系到人生的种种问题。

它们究竟关系到哪些问题，是如何发生关系的？现举一例如下。

我的方法是，对时间、空间、力之间的相互关系进行数学的、力学的、光学的分析，并用节奏学对分析结果进行整理。首先，对时间进行数学分析，并叙述其结果在几个教学科目中的应用。

假设相当于音乐所用四分音符的时间量为"1"，并以此为单位。

把 1 个单位的时间缩短到原来的一半，则产生 2 个八分音符，延长至原来的 2 倍，则产生 1 个二分音符。如下图：

$$\quad ♩ ÷ 2 = ♫ \quad ♩ × 2 = ♩$$

将此应用于体操的步行时，按四分音符齐步走，可像散步时一样持续自然地步行；按二分音符齐步走，速度慢一半，可以缓慢步行；采用八分音符齐步走，就是跑步走了。在进行这种训练时，必须正确把握各音符之间的时差比。

其次，将三个音符组合起来可以创造出下列变化。见下图：

♩ ♩

♫♫

♫ ♩

♩ ♫

♫ ♪

♩

跟着这些变化，肌体运动也将相应变化。

下面，把这种时值关系应用于唱歌教学。

节奏体操是让脚部肌肉按照上述时值关系在地板上运动。现在要让发音器官所属肌肉群按音阶运动。

在此试举最早期的练习为例。让学生进行"do re mi re do"音阶上的四分音符视唱，或进行八分音符、二分音符、各种音符组合的视唱。仅看这一点，看不出与传统音乐基本练习有多大差别。但经过节奏体操习得这些和在唱歌课上直接学习这些相比，在理解的准确性、理解所需时间和体力上，会产生巨大差异。从侧面看可能理解不了，但对直接在唱歌课上学习的人来说，最好的方式就是模仿。而学过节奏体操的人，发音器官的运动就会得到来自身体内部跃动的促进。从教育学的观点看，这委实具有重大意义。

下面，应用于钢琴学习。

可以这么认为，这是把节奏体操中用脚运动的体验转移到手上，让手在钢琴键上散步。这种场合需要新加进来的研究是键盘组合、手腕运用和指法的研究，而脑子里则不需要任何与节奏体操不同的努力。（键盘、手腕、手指方面的研究，"帕卡内拉式"是非常出色的）

下面，应用于线条的研究。

让学生手拿着粉笔站在黑板前，当教师开始发出

"啊——"声时，学生就手持粉笔在黑板上开始进行手腕的运动；当教师的声音停止时，就停止手腕的运动。

在这样的约定下，教师采用前述时值关系进行各种各样的发声，结果可以在黑板上显示成线条。

这是学习线与运动之关系的入门。如此画线条的时候，通过改变手腕运动的方向，就可以产生出线条的变化。例如下方图片所示，根据左图的运动，可以转变为右图所示的线条。

下面，应用于造型。

正如已经在线条上所看到的那样，运动方向的研究最终会产生出形状。前面的例子已经表明了这一点。下面是一个从左图变化到右图的运动形状。

接下来应该是色彩，但色彩与时间没有关系，这里就不再举例了。

下面，应用于语言。下图的时值关系相当于日常用语有"お早う"（早上好）等。

♫ ♩

下面反推一下日常用语的时值关系。"困った"（麻烦了）的时值关系如下图：

♪♪♪

"おめでとう"（恭喜）是五拍子。如下图：

♪♪♪♩

接下来是以表现为主的关于力的问题，将在后面的研究中叙述。

下面，研究一下力即重量的数学结构及相关应用方法。

假定散步时的自然状态为中等强度，在此基础上缩小步幅抑势时，称之为弱。而以比中等强度更大的步幅行走而增势，则称之为强。用符号表达这些即为"强""中""弱"。

把这些强弱组合起来就会产生拍子。"强—弱—强—

弱"的组合叫作二拍子。通过肌体练习这些力的各种增减组合，叫作节奏体操。

这种练习是所有练习中最为重要的。因为力的用法才是最终决定艺术表现的唯一因素。下面将此应用于学科课程的练习之中。

按照时间的时值，用四分音符不间断地反复连续地唱出"do re mi re do"各音阶。

一、用极弱音连续唱。

二、用极强音连续唱。

三、把"强—弱—强—弱"组合起来连续唱。

至此便形成了完整的二拍子。

下面，应用于钢琴。

让学生当作在钢琴键盘上自由"散步"进行演奏。

一、让学生用手腕到手指的运动触键，就会形成以弱音演奏的结果。

二、让学生用肩部到手指整个手臂高高抬起再落下的运动触键，就会形成以强音演奏的结果。

三、让学生用肩、手腕、肩、手腕交互运动触键，就会形成完整的拍子呈现出来。

下面，将上述结果应用于线条的运动。

用粉笔或蜡笔均可（毛笔最好），划出线条的粗细或色的深浅。

用力弱的运动划出的线条细或色浅。这种关系用毛笔画的画、写的字表现得最为清楚。因此这条途径的练习，用力的大小是绝对条件，应用节奏研究将收到意想不到的好结果。

下面，应用于造型节奏研究。

这项应用利用节奏积木最好。但原理不依赖积木也可懂。

力强的运动结果是空间的量大，力弱的运动结果是空间的量小。掷石块时，用力掷则飞得高或飞得远，不用力掷则飞得低或落得近。正如将强弱组合起来便可产生二拍子那样，根据这个原理，通过大小或高低的组合可以产生形状的拍子。

下面，应用于色彩的节奏。

一般认为，声音强则刺激强，声音弱则刺激弱；色彩浓则刺激强，色彩淡则刺激弱。结合这些，把音乐按"强—弱—强—弱"组合起来，就等于色彩按"浓—淡—浓—淡"排列起来。

这样，就可以粗略理解这样一个原理：时间和力的数学组合研究可以与各种问题关联起来。

这里，只要能解决一个原理是否可以在多个科目课程中通用，相关指导方案能否成立的问题就足够了。

详细指导方案拟在以后各期逐步讲解。

指导方案可以应用于玩具，加进游戏体操，以便寓实施于游戏。已经确定，近日将发表几种与此有关的玩具教具。

通过这些玩具，可以很容易理解艰涩难懂的原理。

我希望梳理一下我们的生活，做到用最小的努力获得最大的效果，一切都不浪费。最终的目的即在于此。

当代是流行爵士乐的时代，是清算智慧教育的时代，是宗教道德的颓废期。当代，实在是充满了各种噪音的时代。

明天的真正文化人、绅士……应该具备怎样的素养呢？

这里，我想反反复复大声疾呼一个词：富有节律的性格……（完）

——摘自《全人》第七十三期，昭和七年（1932年）七月号

宗作老师的代表作可以举出《综合节奏教育》和《幼儿的节奏与教育》两部。老师的研究框架是《综合节奏教育》所形成的思想基础。宗作老师也在内心深处认为"综合节奏教育"这个术语的产生是一项非常巨大的成果。这一点，从宗作老师有意识地在论述该术语诞生的文章的结尾处写上了年号，就能想象得到。

我认为，可以从这些肌体运动所产生的造型节奏和运动节奏的结合，推演出一种对其他所有造型艺术即绘画、装饰、建筑、雕刻等节奏原理的见解。

我长期坚持研究这些造型节奏，其间还曾思考过，能不能把音乐节奏的研究方法也应用于与色彩相关的节奏或色彩的处理方法之中。恰好去年再次赴欧时，在色彩方面花费了些许时间和努力，结果确信了这种应用的可能性，而且还获得了一种方法。

至此，声音与节奏、线条与节奏、造型与节奏、色彩与节奏等得以统一，最终诞生了"综合节奏"这个术语。

（昭和七年）

上述段落摘自昭和十年（1935年）复刻版（活版印刷）《综合节奏教育概论》。但这篇论文的原作则是昭和八年（1933年）八月《综合节奏教育讲座·第一讲 综合节奏教育概论》的油印版。虽然原作中写的是"小林宗作讲"，但并不是讲义记录意义上的"讲"。这一点，从这部原作的母体是论文《何谓综合节奏教育》也可以知道。可以认为，这就是明确作为原稿撰写的。我认为是在"讲座"的意义上写的这个"讲"字。在这部油印版原著中，前引一段末尾并未标有年号"昭和七年"。

那么，为什么要在昭和十年（1935年）复刻版上专门标上了"昭和七年"呢？很难认为这是宗作老师在说"这个术语确为我想出来的"，声张著作权。我想，大概是宗作老师心里认为自己的所有思想可以通过这个术语一言以蔽之，兹事体大，意欲记录下来。"综合节奏教育"，这个标题不是他想不出来而随便起的。他认为，人格形成的所有基础教育都可以通过节奏实现，并且一直在实施这个观点。这个标题，就是在这个过程中自然而然地形成的。正因为如此，他才会想到在第一次使用这个术语时记录下年份。而且，由于写上了"昭和七年"，我才得以知道，前引论文是最早撰写的有关"综合节奏教育"的文章，以此为基础，又撰写出了昭和八年（1933年）版，并导致了昭和十年（1935年）版的诞生，成为宗作老师的代表作流传了下来。

昭和七年（1932年）这篇论文和昭和八年（1933年）的油印本、昭和十年（1935年）版想说的事情是一样的，但多多少少进行了一些重写，做了一些订正和修改。前引昭和七年（1932年）版论文总共6页左右，但昭和八年（1933年）版则是由60页构成的，昭和十年（1935年）版更是有72页之多，里面介绍了达尔克罗兹的论文和德乌迪内的节奏学，作为概论已经成形。先来读一下这一版的序言吧。

昭和十年版序文

听到有节奏的音乐就想跳舞。跳起舞就能更好地理解音乐。理解了音乐就更想跳舞。

听说特殊的人听到声音会感觉到色彩。黄色……这类词我们经常使用。

我们看到梅干嘴里就会发酸，鼻子里就会感到香味。海伦·凯勒是双目失明的聋哑人，但相传她说过：我被夺走了眼睛、嘴巴、耳朵后才第一次感到人生的光明……我的全身都是眼睛，全身都是耳朵。

这些事实说明，五官在某些条件下能够产生某种通感作用……而且可以想象，特殊的人或感官、知觉发达的人，可以自由地为某个印象打开与其他感觉或全身感觉联系沟通的通道，好比某个印象可以毫无障碍地再现为诗、音乐或绘画……

我之所以使用了"综合"一词，就是因为我希望并梦想引导孩子们进入这种状态。（完）

读了《何谓综合节奏教育》的开头部分和这篇序文，我被宗作老师的巨大梦想震撼了。人类，看到美味的东西就会流口水，同时还会分泌胃液；看到美好的东西就会感动，甚至同时还会产生占有欲。宗作老师是要分析人类的这些理所应当的生命功能并提取出来，用某种方法整理它们之间的相互作用，并应用于儿童教育。他认为，人类的这些功能就像网眼一样相互联系，通过巧妙地相互刺激，其中的某一种功能就会更好地工作。如果一个功能能够更好地工作，其他功能必然也会更好地产生反应，进而肯定会使整体更好地工作。所以，宗作老师说"所谓综合，并非简单地把众多科目集合起来的意思……"，而是要用"综合"一词表示要进行教育，让各科目有机地相互作用，促进人格的形成。

当然，宗作老师也不很清楚涉及如此大范畴的事情是否真有可能实现。就是放到现在，如此之大事，就算集中了所有领域的学问能否实现也未可知。因为真正的教育不会立竿见影地出效果，而是要等到一个孩子二十年、三十年后走上社会，作为一个人开始活动，才会显现出效果。教而立见效果也是需要的，那种知识积累的确也是未来人格形成的一部分。但立竿见影出效果的知识再多，如果不能发挥作用，也是端着金饭碗讨饭。人类、动物、植物都是在大自然中维持生命的。在三者的共存中人类所具有的知识将如何发挥功能呢？这正是宗作老师的梦想。

希望让孩子们从孩提时代起就生活在这种感觉丰富的世界里，以此培养更加丰富多彩的孩子。这个热切愿望催生出了"综合节奏教育"这个术语。所以，这个方法论及其效果，就是宗作老师的"梦想"。而这正是对达尔克罗兹体态律动教学法精神的准确把握，是小林宗作按照自己的想法对此进行消化和发展而形成的教育论。必须特别注意的是，宗作老师不想生吞活剥地在日本介绍达尔克罗兹体态律动教学的方法和技能，他总是试图在日本这个国家的自然、风土人情、民族性环境中实施欧洲的教学法。

明治初期的西方文明引进、美国西部音乐的涌入、第二次世界大战后美国文化的洪流……战后音乐教育界也是生吞活剥地直接引进了其他国家的教育文化，强加给日本孩子们，产生了巨大的失误。失败了，就会摸索真正的形式。这当然是件好事，但我们日本人往往着迷于西方文明的魅力，彻底地一边倒，很难摆脱出来。日本仿佛身在西方、东方以及世界文化的终点站。面对所有文化，日本人首先会囫囵吞枣，然后花很长很长的时间慢慢进行再创造，形成自己独特的文化。也许这种方式作为日本的国民性，与日本人的脾性相合。文化本身是从人类漫长生活中渗出并筑成的。所以也许人类第一次接触未知文化并体验到感动时，总是会迅速地照原样模仿，可以说这是理所当然的。但是，对这些文化是照原样模仿还是经过自己消化后二次表现出来呢？如果以此进行价值判断，那么可以说，宗作老师获得体态律动教学法的方法才是真正的本质方法。

《综合节奏教育概论》简单明了地讲述了宗作老师是如何对"引进"和"消化"二者进行混合、再构建的。

金子巴先生的话

父亲经常说，一要写东西就会抓狂，真让人愁。所以，很难写出来。很多稿子写了就扔。再怎么反复写，他都会说"这个不对"。对表达不满意，就想重写一遍。于是，书桌周围满是揉成团的稿纸，仿佛总是埋在废纸团中，而且还说："不许收拾！"

写得细就会错得细，所以他把文章写得很简洁。写了很多，最后留下的好像只是条理。他说，阅读接受这些文章的人如何解释，是他们的自由，只要读懂货真价实的东西就行。

父亲好像一年到头都想写，笔下却很难有进展。如今看来，真想让他写出更多的东西留下来。不过反过来看，教育又不是写出来留下来就可以万事大吉的……教育这事，一旦你想用文字写出来留下去，那么任你怎么反复写，肯定越发搞不好。教育，不是一个人说比自己强比自己差的问题，而是让这个人作为一个人幸福了才行。就是说，要能让一个孩子幸福地过一辈子才行。所以，父亲从来不试图把巴学园的任何一个孩子培养成音乐家、教育家。他说我可以去自己想去的地方，我就去见了我心仪的那所中学的校长。

宗作老师说过："写成文字就会说假话。要让假话过关，物理上障碍会很多。教育既不是为一般人群搞的，也不是为教师搞的，教育是为孩子才搞的……"就这一段话，道尽了宗作老师的教育理念。眼前，日本的孩子们就在那里。正因为如此，宗作老师才得以按照自己的方式重新思考欧洲的教学方法论，并用以面对日本的孩子们。

《综合节奏教育概论》昭和八年（1932年）版里专门写了附记，说道：

> 我痛感通过描述来介绍体态律动教学法甚为困难。所以我很想请看了这篇文章后多少感到有点意义和兴趣的各位来观摩实际的教学。

这段附记，也让人们切实地看到了老师撰写文章时的苦恼。他的那份纯粹、坦诚让人无法不敬服。

再说这篇《综合节奏教育概论》，略分一下，是由七个部分构成的。这里以昭和十年（1935年）版为基础，加上我拙劣的解说介绍于此。

其一 综合节奏教育的提倡

宗作老师在撰写前述论文《何谓综合节奏教育》之前，先在这里讲了为什么需要综合节奏教育，论述了宗作老师的基本哲学：没有科学的头脑和艺术的教养，就不能真正成长为明天的文化人，并强调这些才能不是天生禀赋，而是要通过教育开发的，进而按照达尔克罗兹"节奏与电相似，它揭开了与永恒的神秘有关的秘密，在心灵上雕琢原始宗教的性格"这一论断，阐述了自己对节奏的伟大魅力抱有巨大期待，将在人类的活动中不断寻求人类综合教育的原动力——节奏。宗作老师是要把节奏教育变成"通过节奏和运动，让学生在肌体运动中体验时间、空间和力的相互关系，将其结果应用于与节奏相关的所有问题，以资艺术的科学的身心发育，以期做到身心协调且人类与大自然和谐的新教学法……"他说，这是达尔克罗兹体态律动教学法最基本的公理，节奏是运动，一切运动都伴随着时间和空间。他以此为基础，组建自己的理论。即：

1．运动（力）的量和时间的量确定了，空间的量便可确定。

2．空间的量和时间的量确定了，力的量便可确定。

3．力的量和空间的量确定了，时间的量便可确定。

公式如下：

空间（Space）＝时间（Time）×力（Energy）

$S = T \times E$

$E = S \div T$

$T = S \div E$

身体运动符合这个规律时，便可形成最自然而不造作的美丽造型。按照这个原理，让孩子在孩提时代就用肌体记住走、跑、跳、手的动作、脚的动作、身体各部位动作的平衡协调。这就是体态律动教学法最基本的第一步。宗作老师这样论述："……时间长的运动用缓慢的动作表现，时间短的运动用快速的动作表现。力量强的运动要大幅度大力气地表现，力量弱的运动要小幅度小力气地表现。要通过这些体验让学生学会利用肌体的重量和肌肉的弹性，学会在时间和空间中驾驭力量……"

对此，达尔克罗兹是这样归纳的。

1. 节奏是运动。

2. 节奏本质上是肌体性的。

3. 一切运动都需要时间和空间。

4. 音乐意识是肌体经验的结果。

5. 完成肌体性手段使知觉变得明确。

6. 完成时间维度上的运动使音乐节奏意识变得扎实。

7. 完成空间维度上的运动使造型节奏意识变得扎实。

8. 时间、空间维度上的运动只有通过节奏运动才能完成。

宗作老师根据这些原则进行了思考，要在节奏运动的周期性和句读法范畴里，把舞蹈、体操、图画、手动、戏剧、诗歌等联系起来进行综合教育。结合《何谓节奏教育》的主旨，用下页的图 [1] 表示出了这种关联。

---

1. （图中标注了部分词语的翻译。未翻译的词语与中文同义。）"リズム"：节奏、韵律。"ピアノ"：钢琴。"言葉"：语言。身振：姿势。高さ：高度。調和：颜色配合，声音和谐，关系协调。强さ：强度。長さ：长度。書：写字。絵：画画。翻訳：翻译。

自然運動

時間・空間・動力

リズム

芸術 ＋…体操…＋ 科学

視覚
聴覚

翻訳

音　言葉　型　色彩

声／ピアノ　身振　型／線

高さ・強さ・長さ　高さ・強さ・長さ　高さ・強さ・長さ　方向・強さ・長さ　方向・広さ・長さ　調和・色合・濃度

音楽　詩……手工・書　美術・絵

唱歌　体操　舞踊　工芸　美術

総合
生活＋演劇

[这张结构表载于昭和十年（1935）版，但此处使用的是昭和十四年（1939年）撰写的教材《综合节奏教育》（油印版）所载结构表]

一般认为，表中所说的"翻译"，意指把节奏应用于各学科课程的方法。课程表的细目就是按照这张结构表设置的。但在宗作老师的教育中不能忘记的是基于这种分类系统进行的各科目习得的背后，总是充满了一种热切的愿望，那就是"教育不可止于技术的习得"。

下表[1]是昭和初年成城幼儿园招收幼儿时，宗作老师写在

---

1. 按图表从上到下、从右到左的顺序翻译：
   好孩子 / 好身体 / 好脑子 / 好性格 / 健壮 / 长寿 / 精美 / 心灵的天线 / 神经组织 / 感觉好 / 美好 / 坚强 / 正直、坦率

   要让孩子在大片自然林的庭园里，模仿原始游牧时代式的生活，获得自然的健康。
   通过营养研究、适当养护、适当运动、精神态度等的研究，有可能改善孩子一生的寿命、体质、气质等。
   正在下功夫制定特殊的体育教学法，把孩子打磨成精巧的机器，练就一副均衡协调的美好身体。
   感觉恰如触角，其好坏直接关系到将来大脑的好坏，所以对感觉的训练予以特别注意。
   正在策划调整、锻炼神经组织，完善身心和谐。一旦触觉与神经组织协调起来，头脑自然就会感觉灵敏。
   正在下功夫丰富孩子兴趣，培养孩子亲近大自然的心灵、艺术感觉、宗教性等。
   正在下功夫使孩子身心健康，培养孩子集中和持续注意力的习惯，为加强意志力做准备。
   要培养不小气、不焦躁、大度开朗、热爱自然、待友亲和、尊重长辈的内心。

   改善体质 / 开发天分 / 引导性格 / 以此为保育三大方针

宣传册里的幼儿园方针，引自小林惠子《引进体态律动教学法之草创期的成城幼儿园——以小林宗作的幼儿教育为中心》。

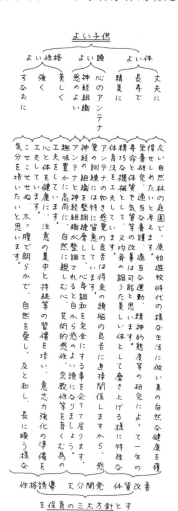

看着这两张表，感觉宗作老师所说"无法用文字表达"的理想的教育理念和他的态度仿佛浮现在眼前，跃然纸上，呼之欲出。

其二　基于体态律动教学法的教育

这一章介绍了体态律动教学法的概念及其创始人埃米尔·雅克－达尔克罗兹的概况。

这里更加扼要地归纳一下：达尔克罗兹 1865 年生于维也纳，在日内瓦学习文学和音乐，后在日内瓦音乐学校任教授，教作曲。当时学生们非常偏重于学习技能，对音乐性、感性不够重视。这让他很震惊，并对如何才能唤醒学生们的音乐感觉进行了思考。他认为，仅仅诉诸耳朵的音乐教育是不完整的，应该使听到的声音立即在肌体上引起某种反应，以使"运动能力和听觉本能、音质协调与音长协调、时间与力量、力量与空间、音乐艺术与舞蹈艺术等各种关系"更加顺利地相互反应，表现出大自然中的美和人类感性的美。他对此进行了研究，创立了体态律动教学法。体态律动教学法发表后立即引起世界各国教育界的兴趣，在欧美各国普及开来。（关于达尔克罗兹，全音乐出版社出版了板野平翻译的《埃米尔·雅克－达尔克罗兹》和达尔克罗兹的论文集《节奏、音乐与教育》。）

体态律动教学法，就是在音乐、动作、声音的综合之中，让学生在培养创造性能力的同时，完成不偏重技术的人格教育。达尔克罗兹是这样推进这个过程的：

1．节奏运动：旨在基于对全部神经组织的分析，让学生记住节奏意识，集中全身的节奏感。这是体态律动教学法中最重要的内容。

体态律动教学法就是让学生听到声音立刻做出肌肉运动，感知时间和空间中的力量与弹性，让感受力、表现力发达起来，能够感知音乐、创造节奏；让学生感知、表现声音细微差别的资质得到发展，培养学生对声音的自然感受力，同时培养其精神集中的能力、迅速决断的能力和快速反应的能力。

2．视唱：旨在正确掌握分辨音的高低，即音程感。培养正确听辨音质、音色的能力，做到正确视唱、写出并创作出大调小调的二十四调单旋律、复旋律、和声进行曲。

3．钢琴即兴演奏：旨在伴随着节奏运动演奏钢琴，即进行与动作相适应的即兴演奏，把通过运动感受到的音乐用钢琴表现出来。

节奏运动、视唱、即兴演奏是鼎之三足，需要从初级开始按序训练下去。但对日本人来说，钢琴即兴演奏这部分起步非常难。越是只跟基础教程按部就班学习的孩子，越是弹不好。小时候喜欢音乐的孩子，都是随意弹钢琴，随意给自己喜欢的歌弹伴奏，以此为乐的。可我听说，母亲都认为，除了因练习而学的曲目，其他都不是钢琴曲，禁止孩子随便玩钢琴。而且，有些老师也不允许孩子随意弹奏。实际上这完全搞颠倒了。我认为小时候玩钢琴爱怎么弹就怎么弹，是适应、亲近乐器，随心所欲地熟练使用乐器的第一步。在玩耍中接触钢琴的孩子们一定会喜欢上即兴演奏。孩子都讨厌练习。但很多孩子喜欢玩钢琴。请母亲们不要认为除了在老师那里学习的曲目，余者皆不是钢琴曲。因为不论什么时候，孩子们自己的心里都有丰富的音乐。

正如《窗边的小豆豆》在"韵律操"这节中也曾对孩子们热衷于体态律动教学的情形所做的描写那样，平时一提起体态律动教学，就会有很多人认为就是这种节奏运动。的确，节奏运动在体态律动教学中非常重要，可体态律动教学总是指鼎之三足，只有这样认识才有意义。然而，对孩子而言，跟发出声音进行种种音程练习的视唱和音程的听记相比，旨在能够自如驱动身体的节奏运动则要开心得多。所以一提到体态律动教学，在人们的记忆中指的就是节奏运动。这种节奏运动可以分阶段做很多事。《窗边的小豆豆》中也写了几种。钢琴的乐曲节奏要从二拍子变成三拍子，但在发出信号前仍然按照二拍子走；或者像指挥一样随着节拍移动手臂和双腿。此外还有，钢琴音突然停止时也要摆出姿势，跟着节奏做各种各样的游戏；稍稍增加难度的话，还有轮唱（追逐）。跟合唱的轮唱一样，按照比钢琴音晚一小节或两小节的节奏运动。为了使听到的节奏与表现出来的动作错开，总是需要非常高度的注意力。此外，音乐所具有的细微感觉，即强弱、缓急、乐句[1]等都是不同的表现方法。要把通过这些方法感受到的东西用身体表现出来。这跟舞蹈很接近，个人或集体要合着节奏做出身体造型。造型没有必须这样或那样的一定之规，而是每个人在集体里如何应对并即兴造型，造型能表现出多大美感，这其中乐趣无穷。为了更加深刻地了解这种造型美应该出自怎样的状态中，宗作老师进行了很多有关舞蹈的研究和针对造型的考察。

视唱的能力受钢琴即兴演奏的影响很大，要把听懂旋律与和声的能力、歌唱的能力发展成通过钢琴创造音乐的能力。为此，所有人都必须会弹钢琴，哪怕是简单弹奏。大正、昭和更替的时代，不像现在，家家都有钢琴。所以宗作老师就让孩子们面对书桌集体训练弹钢琴。

为了从即兴弹奏钢琴的难度中摆脱出来，卓越的教育家天野蝶用手鼓创造了节奏运动。这就是所谓天野式体态律动教学法，直到今天盛行依旧。

西方音乐中，大调、小调共有二十四调，仅仅了解各调之间的差别就很艰难。为此，达尔克罗兹思考了种种方法，以便扎实掌握构成欧洲音乐基础的功能和声的感觉。例如，让学生

---

1. 乐句，指乐曲的节拍。

在从"do"到"do"上下移动的音阶中，感知 G 大调和 F 大调之间所需要的变化音；把音阶改写成简谱让学生用简谱练习；练习掌握和声感等。现在，几乎所有的孩子都在学习钢琴，所以，与这种键盘乐器并用，巧妙地训练下去，准确掌握绝对音感远比过去快得多。

其三　达尔克罗兹式节奏教育

这是达尔克罗兹在某杂志 1913 年 12 月号上撰写的论文，由宗作老师翻译，发表在昭和八年（1933 年）的《全人》上。文章内容来源于达尔克罗兹教育孩子和学生时的种种现象和试错案例。文章主张，"……要用身体准确表现一个节奏，仅有一副能扎实掌握这个节奏的头脑和按照准确的解释表现出这个节奏的肌体是不够的，还特别需要具有能够即时联系头脑和肌体的神经。一旦这个神经网络产生了阻力，就会产生肌肉的抵触和头脑的混乱，引起自信的缺乏和自我恐惧等……"所以，通过这种即时反应的训练，肌肉得以自发地运动，肌体得以下意识活动，这样一来精神就可以摆脱束缚而获得自由，表现就可以变得丰富。

比如，熟练编织的母亲可以一边编织东西一边跟孩子聊天，司机可以一边开车一边自由地跟坐在旁边的人聊天、听收音机。所有这些都是因为肌体的必要部分已经熟练习得技能，眼睛、肌肉、心灵可以做到即时反应、判断、执行，所以能够同时完成完全不同的事情。为了使这种敏锐的神经联系得更加迅速，可在体态律动教学中进行裸足节奏运动。因为体态律动教学的最大基础就是训练"步行"，在这个意义上，必须让足部肌肉完全自由地产生反应。正如没有人会戴着手套练钢琴一样，必须让脚也能赤足支撑整个身体自由运动。这样，"……除去了一切拘束、一切令肌体不安因素的灵魂，就能随心所欲地活动……"

此外，体态律动教学的所有规律都教导人们说："行动必须先于理论。"达尔克罗兹感叹道："……必须在让孩子们体验过产生规律的事实之后，才能教他们规律。而且必须首先教孩子们了解自己，然后再让他们知道别人的意见和结论。播种之前必须准备好土地……然而，在孩子们听音之前，在孩子们用身体整体感受节奏之前，在孩子们了解声音的内在要求和运动的内在感知之前，进而在孩子们用整个身体与来自艺术的感动产生共鸣之前，教给他们的竟然是钢琴……"

这个规律在音乐教育领域自不必说，即使在一般学校也应得到实行。尤其看到现在钢琴在日本的普及和伴随而来的幼儿钢琴教育现状，达尔克罗兹的这篇文章甚至令人感到就是为现在的日本而写的。他的主张是，要经常让孩子们说"我感觉到"而不是"我知道"，并在此基础上让孩子们产生欲望，想把自己感觉到的东西表现出来。

达尔克罗兹认为：体态律动教学为这种欲望提供模式，产生生命，唤起感动，赋予感性。为此，教育工作者"……必须是心理学家、生理学家，同时是艺术家。仅仅让学生在出校门后就能在社会上正常生活是不行的，还必须让他们能够懂得并创造人生的感动，并同时与他人的感动产生共鸣……"他力陈体态律动教学定会对智慧发育和身体发育并进产生非常好的影响。

其四　节奏学

宗作老师在第二次留学时学习了很多关于节奏学的研究。他从中选择了三篇论文，在本章开始的三节里进行了翻译介绍。第一篇是马蒂斯·卢西[1]的音乐节奏学说，这是节奏学起源，据说对达尔克罗兹产生过非常大的影响；其次是德乌迪内的节奏的变形法；最后是达尔克罗兹节奏的入门。

马蒂斯·卢西于1874年出版了《音乐表现概论》，论述了拍子的强弱、节奏的缓急、感情的轻重、感情的流动、声音的细微差异和强弱等，对节奏的分类做出了重大贡献。他还在《音乐的节奏》（1880）中论述了"结合音"的概念，日后音

---

1. 马蒂斯·卢西（Mathis Lussy, 1828 — 1910），出生于瑞士，一生致力于探索节奏和音乐表现的理论。达尔克罗兹是他的弟子，在他的理论基础上发展出达尔克罗兹体态律动教学法。——编者注

乐学家里曼[1]借此将"auftakt"（切分音）的概念扩大，称之为"general auftakt"，获得了法兰西学士院奖。宗作老师翻译的《节奏的起源》是其《音乐的节奏——起源、功能及其轻重缓急的赋予》专著开头的一节。宗作老师非常非常珍视该书的原著，书的一半被烧毁了，他仍用薄纸一页一页仔细修补被烧坏的地方，珍藏在茶箱里。

卢西在该书中力陈节奏就是拍子和韵律的秩序。他说，节奏缺掉，休止就不复存在；节奏是强音与弱音的交互配置；一段音流中要隔着规则或不规则的间隔设有休止，以某种形式把结束的感觉传递给耳朵方可成立。他力主，恰似单词仅凭自身不能构成文章一样，音也只有在遵循了音与音之间必然相接或呼应的规律时，才能成为一种音乐思想进入艺术领域。他说，行动与休止这两种运动的母体是呼吸，呼吸正是节奏的起源。他还说，人从诞生的瞬间开始就要吸进空气并向外吐出，这个行为就是人类一切表现力即生命感的根源。

---

1. 胡戈·里曼（Hugo Riemann，1849—1919），一译雨果·里曼，德国卓越的音乐理论家、在音乐学研究的各个领域都取得了丰硕的成果，音乐美学是其音乐学研究的重要组成部分。——编者注

其五　节奏的变形法

　　让·德乌迪内发表了《节奏的变形法》，前面已经介绍过，宗作老师从巴黎给奥老师写信时就详细报告过德乌迪内。德乌迪内是达尔克罗兹的朋友，1870年生于法国，早年学习法律，当过律师，后有所感，转而研究音乐，达尔克罗兹开始研究体态律动教学初期，他就提供协助，进行研究。听说他在1935年时担任法国体态律动教育学校的校长，著有《几何学的节奏》《节奏的变形法》《艺术与姿态》等著作，在独特思想指导下发展了体态律动教学。

　　宗作老师非常倾心于德乌迪内的研究，十分认真地加以研究，并留有一封德乌迪内的亲笔信。信上说："小林宗作是我的理论在日本的代表。"可以认为，与这位德乌迪内的邂逅使宗作老师拥有了自信，要大大拓展体态律动教学，使之成为综合教育。

　　我们在小学学习的节奏单位首先是四分音符♩。一个小节有四个四分音符，换句话说就是一个小节由四拍构成，那么这样的拍子就是四四拍（四分音符四拍子），写作4/4。但实际上在教孩子们的时候，孩子最搞不懂的就是这个四分音符的名称，无法理解♩为什么是四分音符。当然搞不懂。四拍子的时候的确一小节有四拍，一拍的时间等于1/4小节，所以是♩四分音符。可是刚刚教完这个，马上就会出现三拍子的曲子。于是教给学生的是一小节有三拍，即一小节由三个四分音符构成，所以是四分之三拍。必须说，这是非常难以理解的置换。如果说一小节用四拍分割出来的单位叫作四分音符，那么，用三拍把一小节分割成三拍子，♩就得叫作三分音符，二拍子就得叫作二分音符。但现实中就是让孩子们用"四分音符"这个名称把♩当作时值单位死记下来的。例如，教学是按照下表进行的。

实际时值		名称			
		·	·		·
		·	·		·
		·	·		·
6 倍音	……	符点全音符		𝅝· ……	6 拍
5 倍音	……	全音符加四分音符		𝅝♩ ……	5 拍
4 倍音	……	全音符		𝅝 ……	4 拍
3 倍音	……	符点二分音符	延	𝅗𝅥· ……	3 拍
2 倍音	……	二分音符	长	𝅗𝅥 ……	2 拍
基本音	……	四分音符	====	♩ ……	1 拍
二分音	……	八分音符	分	♪ ……	二分之一拍
三分音	……	三连音符	割	♫♪ ……	三分之一拍

| 四分音 | …… 十六分音符 | ♪ …… 四分之一拍 |
| 五分音 | …… 五连音 | 𝅘𝅥𝅯𝅘𝅥𝅯𝅘𝅥𝅯𝅘𝅥𝅯 …… 五分之一拍 |

.   .   .   .

.   .   .   .

.   .   .   .

　　如此复杂的关系却要硬生生地教给孩子们。再喜欢音乐的孩子也会首先在被迫记住这些道理上受到挫折。脑子转得没那么快的孩子只好死记硬背。可等稍微长大点能够理解事物道理的时候，还是搞不懂这些关系。而脑子转得快的孩子从一开始就理解不了。因为他们无法理解为什么音乐非要以四拍子为基准不可。如果作为基准考虑的话，二拍子就好理解得多。步行、呼吸等二拍子的自然运动多得很。其次，正如刚才所说，三拍子的"一拍"为什么要用同一个♩，同样叫作四分音符？现在，地球越来越小，全世界各民族的音乐被大量用于各个领域。我认为在这样的时候，全世界的音乐家、作曲家、理论家们必须重新思考这种非逻辑的记谱法。所以，达尔克罗兹是这样表示拍子的符号的，见下图。[1]

1.　图中"ダルクローズ"为"达尔克罗兹"。

現行 ダルクローズ式

$\frac{4}{4}$ =

$\frac{3}{4}$ =

$\frac{3}{2}$ =

$\frac{6}{8}$ =

$\frac{9}{8}$ =

等 等

　　宗作老师是用下列名称[1]教孩子们的。

　　一小节的一拍单位由♪或♩或♪决定，用一小节有几个单位来决定拍子。这就是达尔克罗兹的方式，对孩子来说非常容

---

1. 从上到下，从右到左翻译：四倍 / 三倍 / 二倍 / 基本一拍 / 二分 / 三分 / 四分 / 圆圈 / 白点 / 白 / 黑 / 旗子 / 三杆旗 / 两面旗

易理解，宗作老师给出的称呼也特别容易记，如把♫叫作"双腿跑"，等等。总之，音乐的第一步如果不生吞活剥地强硬教授"数字的置换"，不知道该有多么合理。

另一方面，德乌迪内从完全不同的视角考察节奏。他从古希腊诗型学的角度研究出了如下九个基本型，通过这些基本型的各种组合创造出节奏的类型。基本型如下。

（1）♩♩抑抑格　　（2）♩♩扬扬格　　（3）♩♩扬抑格

（4）♩♩扬抑格　　（5）♩♩♩三短音格　（6）♩♩♩抑抑扬格

（7）♩♩♩扬抑抑格　（8）♩♩♩抑扬抑格　（9）♩♩♩三长音格

这个基本型的组合例如下。

（1）接续：6 格 +7 格 = ♩♩♩|♩♩♩

（2）半分：7 格♩♩♩的半分 = ♩♩♫♩♩；

　　　　8 格♩♩♩的半分 = ♫♩♩♩♫

（3）重合：2 格与 5 格的重合 = |♩♩♩♩| = ♩♫♩

（4）加速：♩♫ = ♩♫

用这四种变形进行各种各样的组合，可以产生极多节奏类型。就是要在如此形成的基本型的基础上进行各种各样的节奏运动。

其六　节奏入门

这一章是达尔克罗兹1907年所写论文的译文。前面已经介绍过，达尔克罗兹的论文集是《节奏、音乐与教育》，由国立音乐大学教授板野平先生全文翻译并出版。论文集浅显易懂地介绍了达尔克罗兹的思想和理论，推荐大家务必一读。本章论文即出自该论文集的第三章。

论文论述的是：心脏的跳动、肺的呼吸功能、步行的规律性等肌体的规律性运动是天生具备的本能性身体节奏。把这些当作肌肉运动加以训练，孩子们的身体便能创造出节奏。论文还力陈节奏能在空间、时间、力的相互关系中发生变化。尤其是进行音乐节奏训练时，节奏不要总是按照一定强度进行，节奏的力量有时要渐强，有时要渐弱，有时休止，这些也是重要的训练。节奏感再好的人，如果在开始练习乐器前就做好肌肉训练，学习乐器的进步都可能会更快。尤其要通过体态律动教学训练手脚同时进行不同节奏的运动。这种复合节奏训练对孩子来说，一开始特别难，但一旦练会了，就会非常感兴趣，培养出强大的注意力集中的能力。要想钢琴演奏得准，就必须双手双脚各自分别独立运动。就算是指挥，两手的动作也是不同的运动。要再现一段音乐，肌体各部分就必须根据需要各自做不同的运动，这是音乐表现所绝对需要的。而且，"可以每天练耳、练声，等对声音的感受力发达了再开始练乐器。如果有自信地意识到了节奏和声音，且针对其所需的运动把肌肉系统训练好，那么对乐器的集中力就会增强，可以在享受音乐乐趣的同时加快进步，并无太大困难。"达尔克罗兹在这篇论文的最后指出："教育父母是一切教育改革的第一件工作。"

其七　节奏教育意识

在这最后一章里，宗作老师把目标定在了大自然的节奏与艺术的节奏相结合上，认为这直接关系到人生与大自然的和谐与同化，并提出了质疑：要做到这一点，仅仅依靠达尔克罗兹和德乌迪内等人的方法是不行的。我认为，这是一个证据，证明宗作老师的自然观（我认为是非常日本式、东方式的）与从欧洲文明中发展而来的合理性，换言之就是与试图普遍适用于任何人的逻辑性，并不完全吻合。

宗作老师学习了体态律动教学法，在欧洲的方法论领域里，研究了各种各样的教学法，打算回到日本后全面付诸实施。但他毕竟是日本人，在他的感性中接触日本孩子这一点非常重要。很多人动辄就在欧洲文明的礼赞中彻底沉溺于西欧文化，不加鉴别地用西欧的方法论看待日本文化。在这样的环境里，宗作老师在儿童教育领域里，是用日本人的感性客观地把握西欧文化的。在他的教育理念中，这是最为宝贵的东西之一。尤其是西方音乐教学，即便到了今天，大部分老师仍然把西方音乐的体系与方法奉为金科玉律。

大概是第二次留学时，宗作老师已经强烈地切身感受到了欧洲的自然与日本的自然不同，欧洲人的感觉与日本人的感觉存在差异。这不是谁好谁坏的问题，而是作为民族性的差异在宗作老师的内心深处扎下了根，难以消除了。所以，宗作老师不是把体态律动教学法传授给日本的孩子们，而是把它当作一种手段用于教育日本的孩子们了。可以说，正因为如此才诞生了"综合节奏教育"。人类的生命存在于大自然中，人类无法从大自然的环境中超脱出来，正因为如此，宗作老师才认为，"……节奏不是思考的而是感受的……""……要建立一种教学法让孩子们得到发育，看到复杂的自然运动，就能感受到高尚的艺术节奏……"而且他认为，为了教育，"……可由意志控制，可通过节奏体操训练全身运动肌肉的方法才是最理想的手段……"他相信只有这样，人类与大自然才能和谐。他在文章的结尾说道："……节奏教育有助于受节奏控制的人类所有功能的发育，使神经作用发达起来。这是把我们的艺术和生活从颓废中拯救出来的唯一途径，可以在生理、心理、艺术的基础上，最经济地、哲学地使我们的人生与大自然和谐、同化。通过实验，我痛感到了这些……"

最后，宗作老师做了补充，就体态律动教学法的三个方面——节奏体操、视唱、钢琴即兴演奏列举了达尔克罗兹的不足，并简单介绍了有什么人在进行弥补性研究。他在结束语中说:"可以这样说,如果达尔克罗兹体态律动教学法体系把这些新的研究结合进来,庶几可以成为完美无缺的理想的音乐教学法。我将竭尽全部人格良心,不辞辛劳进行介绍。"

以此结束了这篇论文。

就在昭和十年(1935年),即宗作老师撰写《综合节奏教育》的当年,他还在月刊《学校音乐》杂志上分十二次连载了《欧美音乐教育界之相》。前面略有叙述,这篇文章介绍了宗作老师第二次留学时所学的瑞士、法国、意大利、西班牙、德国、美国等各国教学法的要点。现在,所有这些都已经理所当然地被当作各种方法吸收进了各种各样的教学法之中,但在当时,却是令人惊耳骇目的崭新事物。宗作老师在给奥寿仪老师的信中所写"……博德是哲学博士,爱好钢琴,正在进行体操研究。光听到这些,我就感到脑子里有什么东西砰砰作响……"正是如此,博德的表现体操中似有特别吸引宗作老师的地方,日后被他积极地纳入体态律动教学法,用于教育孩子了。但宗作老师强调,他所介绍的所有东西都是从达尔克罗兹派生出来的,力陈与节奏有关的达尔克罗兹的根本原理是:

1. 思想表现就是音乐表现 —— 演奏,任何时候都是依靠肌体的肌肉运动表达出来的。

2. 所以,如果肌肉在节奏性方面得不到完全发育,就不能实现完善的思想表达。

3．节奏感不是坐着思考就会发达起来的，而是通过肌体的运动体验发育起来的。

结尾处宗作老师说：

> ……如果能够理解达尔克罗兹的这个原理，诸君便可遵从各自的个性和体验，创造出无数具有特质的教学法。我认为，生吞活剥地继承达尔克罗兹的方法，则违反体态律动教学法之宗旨甚矣。体态律动教学的实质精神，必须是层出不穷地创造出比达尔克罗兹教学法更好的方法。自从学习体态律动教学法以来，我对事物的看法和思维方式改变了，人生观改变了，教学法方面也创造出了各种各样的新方法，对此我自己也很惊讶，喜悦无法抑制。对今后将有的更多变化，我满怀期待，心潮澎湃……

这种始于达尔克罗兹又超越达尔克罗兹的精神，不正是宗作老师不断提高、发展自己教学法的最大动力吗？！

此外，宗作老师的著作还有他为在各地举办的体态律动教学讲习会编写的讲义。这些都是每次讲习会的时候用铁笔蜡纸油印的，有好多种。我手头有昭和九年（1934 年）至昭和三十三年（1958 年）的数种，内容以综合节奏教育为主体，都是概括体态律动教学的内容要点归纳而成的讲义。其中还有概要归纳《幼儿的节奏与教育》而成的讲义。大概是根据听讲人的不同，以保育员为对象、以学生为对象或以幼儿园老师为对象，分门别类写下来的东西。

这些讲义中，昭和十四年（1939年）写的讲义最为特别。其他讲义基本上都是以文章和乐谱为主体编写而成的，而这份讲义的表达却是用图形和表格诉诸视觉的。当然，对于姿态、动作的说明，哪本讲义都是用插图表达的。但这本讲义有趣的是用存在于老师思想中的色谱或色彩和形状对应姿态的节奏进行了图表化处理，其中就把"大自然与人的和谐"制成了图。

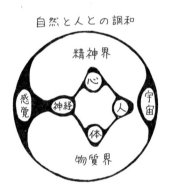

这张图首先要表示的是，人为了在大自然中和谐地生存下去，在成长的过程中必须维持好心（精神世界）身（物质世界）平衡。在人体内部联系心与身的是神经系统，一旦缺少了神经系统的调整，就意味着身心平衡会被打乱，头脑就会混乱。所以宗作老师力陈要很好地了解联系身体各部位的神经系统，以此为基础进行节奏训练，以培养神经的敏锐性。

其次，宗作老师力陈，来源于人类五官的感觉会刺激神经，所以要做好训练，把器官感觉训练得敏锐，并由此让五官得到训练，使其能够时常互动产生通感。而且感觉是可以通过人类生活的环境、周围人群的感性指导开发出来的，所以，让学生接触各种大自然现象，了解其深刻性，完善人类天禀资质，这才是教育革新的关键。

有关性格与才能的形成，请看下图。

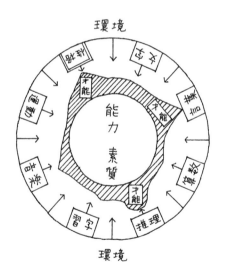

这是才能教育专家铃木镇一先生研究出来的一幅图，表示出了"性格""才能"是如何造就出来的。

这张图表示：除去遗传的部分，性格原本就是后天形成的，因环境及其刺激而形成，与语言、音乐、运动、算术等能力一样，因赋予这些能力的环境及其他条件而形成。（摘自铃木镇一《幼儿才能教育》）

可以说，这种思想与宗作老师所说的"感觉由环境所孕育"的说法完全一样。他们二人几乎是同时活跃在教育领域的人，他们之间的相似，如前所述，是在儿童教育现场实践中产生的巨大收获。两个人画出类似图形，也是一件饶有兴味的事情。那么，为了谋求这种才能的平衡很好地相互作用而使其得到开发、扩展，人们必须为孩子们做点什么呢？要把这些编进课程表，采取怎样的基本方法好呢？对此，鹫津名都江（歌手小鸠胡桃的本名）在论文《关于幼儿才能开发的基本研究》中编制的才能网格开发图 [1]（见下页图）所示的表格简明易懂地解释了各种关联。

这张图表示，由各种各样的环境刺激开发出来的潜在能力作为行动显现于表面的东西就是才能，这种才能通过各种能力的相互作用得到发展。即使相互作用存在比重上的差异，但所有关系还是必需的。比如，尽管体育才能中集中能力和运动能

---

1. 从上到下，从右到左翻译：人性 / 才能（显在的）/ 社会才能 / 艺术才能 / 体育才能 / 智慧才能 / 心机能力 / 集中能力 / 运动能力 / 感觉能力 / 记忆能力 / 忍耐力 / 关爱 / 社交性 / 自立性 / 愿望 / 欲望 / 敏捷性 / 反射性 / 直觉 / 色彩感觉 / 音感 / 身体记忆 / 知识记忆 / 通过精神作用发育 / 通过五官发育 / 能力（潜在的）

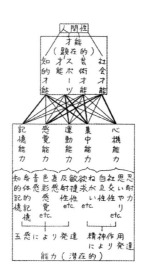

力特别重要，但其他能力如记忆能力、感觉能力、心机能力也是需要的。而且，编制课程表要结合每个孩子的能力，做到补孩子能力的短板，拔孩子能力的长板。鹫津打算在电视台节目广播这个媒介平台开展研究，所以目前并没有特定的学生。唯其如此，非常辛劳。但鹫津想展现的是把这些分析和分类放在脑子里后，看了就愉快，做了就有趣的内容，所以作为一种新型教育实践是今后的一个饶有兴味的方向。

以电视、广播、其他通信方式为媒介的教育，今后将得到大力开发，并在社会上占有巨大份额，这已经确定无疑。这种时候，掌握鹫津的理论，进一步发展宗作老师的"综合节奏教育"理念，并进一步将这个理念运用在重大的人格形成方面，必将产生非常巨大的价值。

宗作老师的作品举隅

由于黑柳彻子女士在《窗边的小豆豆》后记中写到了我，我也得以收到了各方人士的很多来信。其中，家住东京都目黑区的甘利悦子女士、香川县高松市的田中信子女士寄赠了免遭战祸焚烧而保留下来的旧资料。家住东京都新宿区的后藤智子女士生于大正十三年（1924 年），曾在成城小学就读，她记得当时戏剧很受宗作老师喜爱。她相当清晰地记得小学时代宗作老师教的音乐剧，并用至今依旧甜美的声音为我进行了演唱。前面写到过，宗作老师的轻歌剧在当时是非常出色的，岩崎小弥太男爵看后很感动，甚至为宗作老师出了留学费用，所以，参加演出的孩子们也非常快乐。我艺术大学时代的恩师远山一行先生在幼儿园、小学的时候都是宗作老师教的，还记得表演过各种各样的戏剧和音乐剧。在远山先生的记忆中，戏剧也多为原创，孩子们甚至老师们都参与演出，气氛热烈。据后藤智子说，舞台、服装都是自己创作的，非常非常开心。

这里介绍的歌曲是昭和五十八年（1983 年）三月十日后藤智子女士所唱的。由于是第一次见面，她有点拘谨，也许会有一部分略欠准确。不巧那天逢雨，她与我在空荡荡的大会场面对面，她相当紧张，声音可能也略偏高。她是女声，谱子又是按照原唱原样记的，所以调子较高。

断舌雀

（合唱）

很久　很久　很久以前

有一家麻雀：爸爸　妈妈　小儿女

爸爸呀和妈妈呀　出去捕食啦

小麻雀　回老家　要去玩耍啦

啾啾　啾啾

叽叽　喳喳

在老家　贪玩耍　好好开心呀

孩子们　忘记了　太阳下山啦

他们终于迷失了　迷失了方向

（小麻雀妈妈唱）

飞过那座山　要回老家去

去寻找　我可爱的孩子们

（小麻雀爸爸唱）

啊呀呀啊呀呀　我也要去那林里

去寻找　我宝贝的孩子们

（合唱）

迷了路的　迷了路的　小小麻雀儿

迷了路的　迷了路的　小小麻雀儿

我可爱的孩儿啊　快快出来吧

迷了路的　迷了路的　小小麻雀儿

迷了路的　迷了路的　小小麻雀儿

我宝贝的孩儿啊　快快到这来

（小麻雀妈妈唱）

啊　　啊

来啦　来啦

（小麻雀爸爸唱）

哪只呀

哪里呀

（小麻雀妈妈唱）

就在那条小路上

失魂落魄地

（小麻雀爸爸唱）

啊呀呀　啊呀呀

来啦来啦　真来啦

（小麻雀妈妈唱）

喔　喔

我可爱的小雀儿

（小麻雀爸爸唱）

喔　喔

我可爱的小雀儿

（小麻雀爸爸、妈妈唱）

哎哟哟　哎哟哟

欢迎宝贝儿回家来

快　快　快快回家吧

舌 切 雀　　1

合唱

むかし むかし そのむかし　おやこのすずめが あったとさ

おやのすずめは えさとりに　こすずめはさとへ おあそびに

チュンチュンチュンチュンチュンチュンチュンチュンチュンチュンチュンチュン たのしいさとの おあそびに

（親雀が
探しに行く）母雀ゆっくり（この間に何か劇の進展があったらしい）
ひのくれるのも うちわすれ　とうとうまいごに なったとさ

あのやま こーえて さとーへゆー き

かわいい わがこ さがしま しょう

父雀ゆっくり
どれどれ わたしも あの やぶ へ

だいじな わがこ さがしま しょう

少し早く
まいごの まいごの こすず め

まいごの まいごの こすず め

かわいい わがこ は やく でて
だいじな わがこ は やく こっちへ

母雀　おーーいーで

rit.

（この間に何か劇の進行あった）

アーーアーーきたきた

父雀　どれどれどこに

母雀　アーーアーーきたきた

父雀　どれどこに

母雀　あのほそみちをしおしおと

父雀　あれあれほんとだくーるくーる

父雀少し早く　オーーオーかわいいこすずめよ

母雀　オーーオーかわいいこすーずめよ

父・母雀　まあまあようこそおかえりじゃ

さあさあおうちへかえーーりましょう

兔子

（合唱）

银　银　银月亮

挂在原野上

红　红　红兔子

已经扎了堆

长　长　长耳朵

忽闪忽闪春年糕

啪嗒　啪嗒　啪嗒嗒

啪嗒　啪嗒　啪嗒嗒

[一只红兔子迷迷糊糊混在白兔子中间睡着了，白兔子发现了要把它叫醒]

（白兔子合唱）

红兔子　红兔子

你从哪里来

你比杜鹃花　比杜鹃花还红

红彤彤　红彤彤　红兔子

黑黑的夜　黑黑的夜

马上就要降临啦

爸爸和妈妈　他们在家里

横着晃着长耳朵　两只长长的耳朵

正在担心你

小宝贝儿　你去哪里啦

快快地　快快地　快快醒来吧

红彤彤　红彤彤　红兔子

［红兔子醒来，环视周围］

（红兔子唱）

向右去是大山　陌生的大山

向左去也是山　陌生的大山

陌生的世界里　孤身我一人

陌生的世界里　孤身我一人

［红兔子爸爸在寻找］

（红兔子爸爸唱）

去哪里啦　去哪里啦

你死掉了吗

沙沙沙　沙沙沙　站在晚风里

仿佛听见你在喊：爸爸呀　爸爸

来到山岗看一看

不见你身影　只有风儿沙沙沙

吹得树叶沙沙响　沙沙响

［最后全体大团圆］

（合唱）

月亮出来啦　月亮出来啦

圆圆的月亮出来啦

今晚的月亮圆又圆　圆圆的月亮

漂亮的　漂亮的　银色的月亮

笑嘻嘻　笑嘻嘻　银色的月亮

兎 1

ぎん ぎん つきの ひろ ー ば で

まっかな うさぎが あっ まって みみをふりふり もちをつく

白兎の コーラス ペッタン ペッタン ペッタン コ ペッタンペッタン ペッタン コ

(白兎のグループの所へ一匹の赤兎が迷い込んで来て寝てしまい、白兎がそれをみつけて歌う)

どこから きたのか あかうさぎ

つつじの はなの あか よりも

まっかな まっかな うさぎさ ん やがては よるも

くるほど に おうちで とうさま かあさま が

ながい おみみを よこにふ り ぼうやは どこへ

いったか と しんぱい せられている でしょう

はやく おめめを さましなさい まっかな まっかな

うさぎさ ん みぎを むいても しらぬや ま

ひ だり むいても しらぬや ま

しらぬ せかいに ただひと り

しらぬ せかいに ただひと り

どこへ いったか しんだの か

サワサワ わたる ゆうかーぜ に

ちちよ ちちよと よぶこーえ を

したうて おかに でてーみれ ば

すがたは みえず かぜーばか り

この一はを わたる おーとーばが り

つきが でー たつき がでー た

でたまるいつー き こんやのつきは まるいつき

きれいなきれいな ぎんのつき ニコニコ わーらう

ぎんのつー き

据说成城学园是一所全员都像艺术家的学校，大家制作的舞台也十分讲究漂亮。由于是靠记忆回忆出来的，也许不完整，但《断舌雀》采用了《江户摇篮曲》的一部分和法国民谣《麻雀的家》原作的一节，创作得非常有趣。不过，《兔子》也许记忆得多少有点顺序颠倒。此外，作品创作得全员都能参加，从剧本到合唱、独唱安排都得非常巧妙。

音乐剧好像另外还有几部。国立音乐大学的小林惠子老师写道：

> ……手工制作的东西中有一件是老师们制作的木偶。要演木偶剧了，为了看上去不那么可怕，木偶的脸都是用布做成的，每逢星期二，教师们就会隆重上演木偶剧，孩子们非常愉悦地期待看木偶戏。《断舌雀》《桃太郎》《花伯伯》《三头熊》《红头巾》等都演过。小林老师为幼儿园的孩子们创作了可亲可爱容易记忆的歌词和曲子。听说《好好嚼》《月亮》《相亲相爱回家吧》《成城成城》等，都是小林老师认真研究歌词与曲子的匹配组合后创作出来的……

> ——摘自《国立音乐大学研究纪要》第十三期

よくかめよ[1]

成城成城[2]

　《窗边的小豆豆》中出现的歌曲《好好嚼》和校歌中"巴巴巴"的旋律，采用了歌曲《成城成城》的一部分。当然，正如《窗边的小豆豆》里所写的那样，《好好嚼》是宗作老师用英国歌曲《划船》的谱子填词而成的。无论怎么做，都是为了达到让孩子们在明快的节奏和旋律中学会歌唱的目的。

　视唱教学是体态律动教学的一个领域。在促进听觉发育的

1. 歌名《好好嚼》，歌词大意：
   好好嚼哟　吃的东西 仔细嚼呀嚼呀 吃的东西 仔细嚼呀嚼呀 ——编者注
2. 歌名《成城成城》，歌词大意：
   我（男孩）是成城的孩子　我（女孩）也是成城的孩子 成城 成城 ——编者注

方法中，宗作老师在让孩子们唱歌方面做了种种实验研究。当然，达尔克罗兹的体系中也提示了系统性教学法，但宗作老师并没有生搬硬套直接使用达尔克罗兹的方法，毕竟素材是他自己为说日语的日本孩子独立思考出来的。谱3[1]所示的方法，就是他在现场对孩子们进行体态律动教学的过程中研究出来的方法之一。

谱3

　　读一下谱就知道，首要目的就是让孩子们练习歌唱。首先是教师唱A部分："唱起来吧 / 唱起来吧 / 花开啦 / 花开啦 / 一起唱起来"。学生们跟着唱："花开啦 / 花开啦 / 一起唱起来"。接

1. 歌词大意是：唱起来吧 花开了 花开了 让我们唱起来吧 樱花都开了 好美呀 花开了 花开了 樱花都开了　好美呀 —— 编者注

着教师换唱 B 部分，学生们反复视唱 D 部分。反反复复，便创作出了 E，练歌就可以一遍一遍进行下去。于是，把中间的两小节即替换部分连接起来，就会形成另外一首歌。按照这样的方法，采用各种各样的节奏，让孩子们即兴唱出中间部分，再把它们连接起来，便可激发学生的创作能力。

这仅仅是一个例子，但在昭和九年（1934 年）铁笔蜡纸油印版的为教师编写的教科书《低年级与幼儿音乐教育 —— 耳、声、眼的训练》里，关于这个方法列有如下项目：①歌唱练习；②行进练习；③拍子练习；④音阶练习；⑤节奏类型练习；⑥音符书写练习；⑦读谱练习；⑧发声练习（头声、喉声、胸声的识别）。每项采用的旋律和节奏都很简单，是想从模仿视唱开始进行创作，然后是读、写，把听觉训练的最基本要素教授给学生。这些方法现在也常使用，有很多教师想出了各种各样的方法，将视唱、读谱、写谱、创作的操作教授给学生。

说到视唱，人们总觉得是一件很难的事情。但音乐也与语言一样，之所以幼儿会说，就是因为那是从模仿开始，渐次把自己的想法用自己已经懂得的语言表达出来，接着再记住写、读。视唱教学只是在用声音做相同的事情而已。其间的根本区别在于语言具有意义，声音却没有任何意义，都是抽象的声音连接。但人类能在这种没有意义的声音的连接中，创造出用语言无法表达的巨大表现力。乐器不表示任何具体意义，但它的演奏有时却会让人产生巨大的感动，甚至改变人生观。

正因为如此，才要在孩子们小的时候就训练他们，使他们能够亲近音乐，教育他们，使他们能够懂得音乐所具有的力量。当有意义的语言与无意义的声音结合在一起的时候，歌就会强烈地吸引孩子们的心。所以儿童教育非常重视"唱"。孩子自有适合其年龄的独特感性，教材必须顺应这种感性。孩子的感觉受时代的影响很大，所以，现场的气息对孩子的教育最为重要。宗作老师也是长期与孩子们同在现场，为孩子构思歌曲的时候总是把下面的这些放在心上，创作儿童歌曲。

……长期以来我一直在为没有真正的幼儿歌曲而叹息。幼儿歌曲必须按照幼儿的生理、心理发育阶段研究以下各点：

1. 肺部强弱与曲子的切分

2. 注意力的集中与曲子的长短

3. 声音的音域与曲子的音域

4. 节奏与拍子

5. 幼儿语言与歌词的关系

6. 旋律也有年龄

7. 和声

8. 何谓自然发声？

这些，宗作老师日后在为保育员教育撰写《幼儿的节奏、音乐、舞蹈教育》的铁笔蜡纸油印版小册子时都写了进去。他在结合考虑以上各注意点的基础上，创作出了很多"童心之歌"曲目。后被各种各样的教科书所引用，想必有的曲目大家已经知道，这里打算介绍其中几首。若干曲目于昭和十六年（1941年）前已经完成，是昭和二十二年（1947年）、昭和二十三年（1948年）前整理出来的。

这些曲子是适应课程表中各阶段目的创作而成的。例如，《樱花》是用于让身体记忆节奏的第一步的，可以一边唱一边按节奏走步或拍手，还可以让孩子们认知音阶中"do"和"sol"的音，进而认知"do mi sol"的和声。而《春年糕》可以让孩子们练习小节的切分、形体的对话、模仿等，还能让孩子感受到曲子在中途终止的感觉和在完全结束后终止的感觉等。可见宗作老师不只教自己的孩子们现成的曲子，还根据孩子们的进度，亲自创作最适合的曲子。这里介绍的《幼儿歌》就是这个意义上最有价值的曲目，并非因为想让大家现在也要使用这首曲目才介绍的。

这就是说，教孩子的老师们不要总是依赖别人创作的曲子和课程表才好。创作这样的曲子绝非难事。现在的孩子们特别喜欢作曲，所以任何老师都可以自己编写并使用适合孩子进度的教材。宗作老师的曲子本身的确有很多可爱的，但谁都能够创作出，请大家务必实践起来。这样与孩子一起搞音乐，确确实实会变得更加愉悦。

现在的孩子能够创作出更加有趣的曲子，他们已经适应更加富于变化的曲子了，所以也许对这些曲子，不再会表现出什么兴趣。不过重要的是，如前所述，要紧紧扣住时代潮流，适

おさなごのうたより [1]

---

1. 选自《童心之歌》, 歌词大意见P227。

おさなごのうたより[1]

---

1. 选自《童心之歌》，歌词大意见P227。

应孩子们的能力创作出符合时代的儿童歌曲，并将此用作教材。对昭和初期的孩子们来说，用超出学校唱歌框框的教材一边玩一边教，肯定会给孩子们留下很深的印象。再重复一遍，现在的老师们也可以尝试自己编写适合孩子能力的教材。绝非难事，必定能成，哪怕四小节的曲子都可以。"孩子，这曲子是老师写的，就想让你搞懂这个哦。"就这一句话，不知道会给孩子的心灵增添多么大的力量啊！黑柳彻子也是，说到孩提时代的歌，首先想到的就是《踩影子》。这首曲子是宗作老师作为三连音的教材而创作的。但是，黑柳女士肯定不知道这回事。但在她唱给我听的《踩影子》里，三连音的准确时值已经牢牢地烙在了她的身体里。在黑柳女士玩踩影子游戏的同时，一拍三等分的感觉被扎扎实实地灌输进了她听觉里。

黑柳女士清楚记得的另一首曲子是这首（见谱 4[1]）。

谱4

　　われと　き　て　　　あそべや　おやの一　ない一すず　め

这首歌是宗作老师为小林一茶的俳句谱曲而成的。听金子巴先生说这段旋律是这样得来的。

1. 歌词大意是：来和我玩吧 没有父母的雀儿呀 ——编者注

金子巴的话

父亲曾在全国各地巡回举办体态律动教学法讲习会。我还是个孩子的时候，父亲曾带着我在信州的野尻举办过讲习会。父亲平时就会把孩子们随口哼哼的调子写成歌，用孩子们创作的诗配上孩子们创作的曲子让孩子们唱。所以，他也想尝试一下，看看这个时候自然而然地作出曲来是怎么回事。这里是小林一茶的故乡，那就给一茶的俳句配上曲吧。于是前来听讲习的老师们动了很多脑筋，创作出了各种各样的曲子。而父亲则在反反复复吟诵"来跟我玩吧，没父母雀儿呀的"，诵着诵着，旋律自然就出来了。这时，听着渐次成歌全过程的老师们听了完成后的歌，个个潸然泪下，大受感动。那情形，特别清晰地留在了我的记忆里。

这是创作歌曲的基本方法，喜欢音乐的人谁都会。最近的年轻人，但凡会弹点吉他，哪怕对作曲一无所知，也能毫不矫揉造作地给自己的诗配上旋律，创作出漂亮的流行歌曲。难道不是吗？

1.（p223注1）从上到下，共9首短歌，根据谱子译配如下：
（1）《樱花》
开花啦　开花啦　樱花樱花开花啦　花儿真美呀

（2）《蒲公英》
田野里　蒲公英　颜色是黄的　田野里　紫云英　颜色是红的

（3）《乌鸦》
呱呱　乌鸦叫着飞呀飞过去　呱呱　乌鸦叫着飞呀飞过去

（4）《太阳公公》
太阳太阳红艳艳　朝阳朝阳红艳艳　闪闪发光

（5）《大公鸡》
喔喔喔　大公鸡在唱　喔喔喔　大公鸡在叫

（6）《宝宝走得好》
宝宝走得好　来呀到这里来吧　慢慢走过来

（7）《鸽子》
鸽子　鸽子　鸽子呀　咕咕咕咕　在叫呢
就在寺庙屋顶上　咕咕咕咕　在叫呢

（8）《月亮》
月亮月亮　出来啦　圆圆的　圆圆的
圆圆的　月亮月亮　出来啦

（9）《天晴了》
天晴了　天晴了　万里无云　天晴了
原野上　一望无际　牛儿哞哞叫

2.（p224注1）从上到下，共有8首短歌（续上），根据谱子译配如下：
（10）《小狗叫》
汪汪汪　小狗在叫呢　斑点狗在叫

（11）《陀螺》
陀螺陀螺　滴溜溜地转呀转　转呀转　转呀转　滴溜溜地转呀转

（12）《树上叶子飘落了》
树上叶子飘落了　飘呀飘呀飘落了　飘呀飘呀

（13）《春年糕》
咚咚咚　咚咚咚　咚咚　咚咚咚　春呀春呀春年糕　要过新年啦　咚咚　咚咚　咚咚　春呀春年糕

（14）《踩影子》
圆圆的月亮出来啦 踩影子踩影子 鬼呀全都出来呀 石头 剪刀 布 踩影子

（15）《云雀》
啾啾啾 啾啾啾 小云雀呀飞起来 飞呀飞 飞呀飞 飞上天 飞起来

（16）《黄莺》
嘀嘀哩哩 嘀嘀哩哩 嘀哩 嘀哩 嘀哩 嘀嘀哩哩

（17）《猫叫声》
猫咪有个小宝宝 猫宝宝在叫 喵喵喵 小猫宝宝喵喵喵
小猫的妈妈呢 妈妈也在叫 喵呜 喵呜 猫咪妈妈叫
小猫的爸爸呢 爸爸也在叫 哞呜 哞呜 猫咪爸爸叫

第三章

最早的文章

话说宗作老师自从第一次留学后到昭和十年（1935年）前后发表了多篇论文，全力以赴投入了音乐教育改革。在宗作老师撰写的多篇论文中，我无论如何也想最后再介绍一篇触及"小林宗作"这个人物思想主体的文章。

这篇文章于大正十年（1921年）刊载在成蹊学园发行的月刊《母与子》十二月号上。(此处转载自成蹊学园校长赠送给黑柳彻子女士的杂志) 这篇论文早于成城时代，是留学欧洲之前的论文。正因为如此，可以说，宗作老师设立学园，走上独自教育实践的过程中，是如何取得进展的，通过这篇重要的文章便有所了解。

儿童唱歌之今昔（一）

小林宗作

……

故军将领施特塞尔

求见我军乃木大将

地点在哪里

我军水师宫

看到孩子们一边唱着这样的歌一边玩拍球掷沙包，我很可怜他们。过去的数数歌不知道该多么有味道！

在孩子们最喜欢的散步时间，就听得户山原和鹤见的花月园等地远远传来了歌声，曰：

砍柴　搓绳　打草鞋

帮爹娘　带弟弟

兄弟和睦　又尽孝

二宫金次郎　他就是榜样

这样的歌曲，童心究竟在哪里？！童心中哪里有唱这种歌曲的心境？！

孩子们被迫唱这些心里根本不存在的东西，我觉得他们可怜得不得了。真的，现在的孩子再想唱歌，教给他们的也只有这些歌。

唱着这样的歌曲，孩子们能顺利成长吗？真的，请再读一遍吧。孩子们在这样的心情下散步、游戏，就是他们真实的生活吗？！老师、学生、家长看上去都认为学校的唱歌就是这么回事，一点也不在意。然而出乎意料的是，在教育的外行北原[1]等的倡导下，近来童谣的研究突然闯入人们的眼帘，报纸、杂志也在"童谣""童谣"地呼唤，实在是大大的好事。野口雨情的童谣等非常有意思，很有童趣。

一丁目[2]的孩子们　快跑快跑回家啦

二丁目的孩子们　哭着哭着逃跑啦

四丁目的大狗　长腿的大狗

正在三丁目的拐角　看着这边哦

在大狗旁边啼哭的孩子跃然眼前，不是吗？

燕子的妈妈　漂亮的妈妈

漂亮的簪子　买支送给她

这首歌的配曲表现出了真正的日本民谣风格，尝试着教给三四年级的孩子们后，尽管有孩子说"老师，我不喜欢燕子妈妈"，但还是很喜欢唱这支歌的。习惯了过去学校音乐的人冷不丁听到这样的歌曲也许会吃惊。那最近

1.　北原白秋。——作者注
2.　日语"丁目"类中国"巷"意。

的唱歌课又在唱怎样的歌呢？也许有人会瞠目结舌：学校怎么会教这种歌？！不谈道理，请坦率地回顾一下自己小的时候吧。谁都曾经当过一次孩子。大家追忆一下自己十年、二十年前的儿童时代，体察一下童心吧。下意识地随意开口哼出来的究竟是哪种曲子？

不论谁，任何人都一样，曾经是个孩子。可为什么都不愿意稍微体察一下孩子们的心呢？我在上普通小学二年级的时候学的歌是：

庭院有百草

还有虫鸣声

百草枯了

虫声寂了

……

根本就不可能懂。让十岁左右的孩子唱"啊／哀愁／哀愁／啊／白菊"，和让他们远望着晚秋西边的天际唱"晚霞红又红／明天是个好天气"，究竟哪首歌才是真实的生活呢？

让孩子们仰望十五的月亮唱"小兔子／小兔子／看到什么蹦蹦跳／看到十五的月儿蹦蹦跳／蹦——蹦——跳"，不论谁来看，这都是孩子。让孩子唱"笼子啊/笼子啊/笼子里的鸟儿啊/啥时呀/出来呀/黎明前的夜晚啊/把那仙鹤和寿龟/拉呀拉呀拉进来/后面正对着的是谁呀"，和让孩子唱"边玩边学习/是浪费时间/快学习/快学习/专心致志地学习"，究竟哪首才是孩子真正爱唱的歌呢？

在我看来，以前的童谣和民谣要比今天的学校唱歌更能品出好得多的艺术味和人性味。而如今的音乐教育很遗憾，以失败而告终了，难道不是吗？东京市各所小学都有优秀的专业教师。然而，我却经常听到校长说，我的学校学生讨厌唱歌，很头疼，究竟怎么回事？所以，我想思考一下为什么会以失败而告终。我认为，失败的最大原因就是教材不好。有观点认为，如今野口、北原等的新童谣兴起，革命时期来到了。可以预测，不久的将来新派与旧派必定爆发大论战。因而我认为，我们必须思考处在革命期，不，今后会怎样。为了帮助解决这个问题，我打算回到日本小学最早教授唱歌的明治十二年至明治十三年前后，看看当时教的是怎样的歌曲，然后以作曲家为主线，逐年追踪调查一下迄今为止的发展状态。

这样一来，失败的过程自明，今后的情况也能很好地理解。

《小学唱歌集》（文部省编）

明治十四年至明治十五年编成，是我国第一本唱歌集，成色较好。由于是在西方名曲上填的日本歌词，曲子的节奏与歌词的节奏各行其是处有之，牵强附会处有之。毕竟是第一次尝试，编纂者自身没有深刻理解什么是孩子，所以作品是用成年人的想法可劲儿编出来的，与孩子相距甚远。

我认为，去掉儿童歌曲这个限定，仅仅视其为歌曲集则是一本很好的歌集。里面有一首题为《四季之月》，词曰：

> 赏月人之心　由心任赏月
> 秋夜月空悬　皎洁照高岭

红尘之中波涛汹涌，挣扎上岸则是静夜。沐浴着月光心情愉快，于是一边轻松吟唱一边欣赏明月，不禁要发自内心地呼喊出来：嘎，看到了，真的看到了！在孩子们的世界里，看到十五的月亮而欢愉雀跃，大概是真实的。这里只举了一个例子，这种作品还有很多。

《幼年唱歌与少年唱歌》（田村[1]编）

　　这部曲集是编者积多年实地教授儿童的经验苦心编撰而成。这一点是得到认可的。卷首序言中有"精心观察身心发育之程度"云云。果然，从此（明治三十五年）前唱歌教学情况看，这部曲集的确是一部非常非常杰出的作品，这是事实。我想说，由于这本歌曲集，日本的小学唱歌才第一次变得有鼻子有眼了。"喂喂，喂喂，小乌龟，小小乌龟呀"和"桃子里面生出了，一个桃太郎"这样的歌都是这个时候开始唱起来的。从"啊，哀愁"式一步就跨转到"喂喂小乌龟"上来了，当时的人肯定很震惊。颇受社会谴责的文部省当局和音乐学校等也都出来反对了，肯定苦了编著者。

　　过了数年之后，《教科统合普通小学唱歌》还是由田村编写并公布了。田村不愧是实干家，得到了普遍认可。不过，其中有些确实可以不必有。我认为，《煤》《石头与豆子》这些歌就很无聊。煤……从什么角度看，怎么看才能看出是艺术的素材呢？石头和豆子……该怎么处理呢？当

---

1. 田村虎藏，明治二十八年毕业于东京音乐学校，出版有《幼儿唱歌》《少年唱歌》《高小唱歌》等，追求言文一致，致力于小学唱歌。他是一位作曲家，创作了《一寸法师》《开花爷爷》《金太郎》《浦岛太郎》等曲目，并在《高等小学唱歌》里采用了《洛列莱》《浮士德》等名曲。——引文作者小林宗作注

时普通小学三年级课本中有《石头和豆子》一课，是一篇童话。所以，这大概是呼应课本的。最近又创作出了预防肺结核的歌，想必艺术之神都哭了吧。

唱歌教学为呼应其他课程或者满足其他什么目的（尤其是道德方面的），这个不好的倾向近来表现明显。下面就要叙述的普通小学唱歌，这种倾向甚为严重。

《普通小学唱歌》（文部省编）

自明治四十四年至大正三年期间逐年完成的。

从形式上看委实出色。单从教育来看，作为以教育为目的音乐能做到如此细致、用心，这个事实真的了不起。从表面看，这本歌集梳理得很好，看上去已经基本完成了日本的小学唱歌。我认为，尽管任何事情都不能指望其完美无瑕，但找些小毛病就横加指责也不是讨喜之举。然而，形式上显得如此卓越的东西，仔细研究一下内容，小缺点里却隐藏着不能放过的大问题。这些情况不得不让我产生疑窦。

自从我教授这本歌曲集以来大约有了十年的经验。不可思议的是，看上去如此优秀的歌曲不知为何就是感觉难与孩子们的心灵相协调。我的这种感觉与年俱增。而且这一点是众多音乐教师都同样承认的。这个事实最雄辩地说明了这本歌曲集存在着某种重大的缺陷。难道不是吗？

关于这一点，我想从中仔细观察一下。

我自始至终感觉到一件事，那就是唱歌被某种东西利用了。比如唱"边玩边学习/是浪费时间/快学习/快学习/一心一意地学习"——为什么要让孩子唱这样的歌呢？还有唱"清晨早早在井旁/妈妈用力洗衣裳"，类似这样，有的歌是为了道德，有的歌是为了军事思想，有的歌是为了地理，有的歌是为了历史……歌曲都是为了某种东西而创作的，创作动机都是非艺术的。遇到这种露骨的功利主义，艺术氛围就被毁得乱七八糟了。

还有一点，那就是作者搞创作，根本不懂孩子们的心。诗人、艺术家、天才的心理是以特殊的不可思议的功能接近孩子的心灵的，非我们的想象所能及。然而这本歌曲集的作者在这个意义上的功能实在太薄弱。

所以，即使抓住了难得的素材，表达方式也不对，毕竟孩子的想象与大人的想象是大不相同的。当大人唱"月亮/月亮/出来啦/圆的/圆的/圆圆的/像盆一样的月亮"的时候，孩子们不该唱"看到十五的月亮啦/蹦蹦跳"或者"月亮/月亮/几岁啦/十三的夜晚/七岁啦"这样的歌吗？

"像盆一样的月亮"，这样看月亮太乏味了吧！清澈的秋空，中央高悬一轮圆月的时候，你感觉到的难道不是一种溢于言表的神秘吗？就算是孩子，也会相应地被这种神秘所打动。不用"盆"来形容，就没有其他表达方式了吗？！

这里也只举了一二例，但在上述意义上，我认为将这样的歌用作教材是令人生厌的，从一年级到六年级全部一百二十首歌曲中，约有五十首左右这类歌。久远以来不得不唱这种不纯洁的功利性歌曲，真让人无语。恰恰在这时，《新作唱歌》诞生了，让人感到盛夏里吹来了凉爽的风。

《新作唱歌》（吉丸一昌 [1] 著）

大正元年至大正四年，共出了十集。有的题材新颖，有的思想新颖，吸引了孩子的心，一时间流行起来，势头非凡。其中有一首《盲人与聋人》：

来了一个盲人向我借灯笼

我问盲人你咋需要灯笼呢

他告诉我灯笼对他没有用

可明眼人总是会来撞到他

---

1. 吉丸一昌，明治六年（1873年）生于大分县，帝国大学国文科毕业后担任东京音乐学校教授，教授修身、国语。他通音韵，作诗颇多，其中由中田章作曲的《早春赋》很有名。——引文作者小林宗作注

像这样的歌，孩子们很是喜欢。但在当时这样新颖的想法却备受批评。

接着发表的有葛原等人的《大正幼儿唱歌》和《大正少年唱歌》[1]，哪一种都抓住了孩子们的心。尤其从中可以看到葛原喜爱孩子的温柔性格。有一首题为《春年糕》的歌：

> 咚咚咚　咚咚咚　用力春年糕啊
> 咚咚咚　咚咚咚　再加一把劲啊
> 咚咚咚　咚咚咚　春出大年糕啊
> 咚咚咚　咚咚咚　新年快来到啊

这个样子，歌词、调子都写得很有孩子气。所以，不论哪首歌，唱起来都能体验到轻松爽快的心情。整体而言，这是史无前例的充满童趣的歌曲集，颇受孩子们的欢迎。

但是，不知为何，《新作唱歌》《大正幼儿唱歌》《大正少年唱歌》各集里的曲目都存在一个倾向，那就是一开始教的时候孩子们都很喜欢唱，但没过多少天就厌倦了，甚是遗憾。这一点，还想请作者为了孩子们，再深入思考，让作品进一步洗练。

---

1. 指葛原茂、小松耕辅、梁田贞的《大正幼儿唱歌》《大正少年唱歌》。——作者注

《赤鸟》与《金船》的童谣

　　《赤鸟》发表了很多北原和西条的童谣，不愧是北原的作品，跟现今众多歌曲集相比都大放异彩。来看歌曲《金丝雀之歌》：

　　　　金丝雀把歌忘记了
　　　　就把它扔到后山去
　　　　不，不，那怎么行

　　　　（中略）

　　　　金丝雀把歌忘记了
　　　　那就用柳鞭抽打它
　　　　不，不，那太可怜

　　　　金丝雀把歌忘记了
　　　　象牙的小船配银桨
　　　　让它月夜泛舟海上
　　　　它会想起忘记的歌

　　请想象一下象牙的小船配银桨，月夜泛舟在海上的场面吧。宛若做梦般的感觉。我非常喜欢这几句。

我想拜托《赤鸟》编者，难得创作了这么好的童谣，在配曲的时候，也请配些更加富有童心的曲子。大部分如果不加修改的话，我是没有心情直接教给孩子的。

《金船》上常见到野口雨情的歌词和本居[1]的曲子，绽放着与《赤鸟》不同的异彩。有一首题为《四丁目的狗》的歌曲。

一丁目的孩子们　快跑快跑回家啦
二丁目的孩子们　哭着哭着逃跑啦
四丁目的大狗　长腿的大狗
正在三丁目的拐角　看着这边哦

唱着这样的歌曲，孩子们的表情都会明亮起来。我希望这种童谣更多更多地发表，多到足以填满整年的教材，多到足够我完成研究。

——载《母与子》七卷十二号，大正十年（1921年）十二月

---

1. 本居长世。——作者注

儿童唱歌之今昔（二）

以上讲的主要是歌词方面，现在说一下曲子方面。

《小学唱歌集》的歌曲都是西方曲子配上日本的歌词的形式，所以曲子完全是借来的。借来的就是借来的，怎么也变不成自己的，所以不是真东西这一点是明确的。从田村的《幼儿唱歌》开始，日本人逐渐开始了自己的创作，但可以说还处在模仿阶段，感觉仍有不相合之处。

近年来终于出现了有几分接近真实的歌曲，但发展并不顺利，时不时还有人主张采用传统俗曲的论调。这一点必须多予以思考。听持这种论调的人说，俗曲最能表现日本的国民性，但歌词卑俗，所以不行，只要把歌词重写成适合教育的歌词予以采用就行了。

乍听起来似乎是那么回事，但必须稍加深刻思考。词与曲在一起，本来就应该是极为密切、和谐的。所以，卑俗的歌词所配的曲子必是适合歌词并与之和谐的。一首歌曲中，就算歌词改得很漂亮，曲子却依然如故地表现出卑俗，那就必不和谐了。尝试在"追分调"[1]或"海滨调"[2]这样

---

1. 由日本信浓追分的驿站（今轻井泽町）里演唱的"碓氷马子唄"演变而来的日本民谣。
2. 日本茨城县太平洋沿岸地区的一种（艺伎等唱的）陪宴歌曲。曲调完成于明治二十年（1887年）前后。

的曲子上配以这样的歌词：

> 庭院有百草
>
> 还有虫鸣声
>
> 百草枯了
>
> 虫声寂了

唱一唱会怎样？简直变得相当愚蠢，难道不是吗？！想想俗谣的创作动机就能清楚地知道，那是不能直接应用于教育的。俗谣更多是唱恋爱的。童心离唱恋爱歌曲，还有相当远的距离。所以，认真观察下来，改编俗曲的论调不切实际。

等待天才出现

让我们来思考一下真正的日本音乐应该是怎样的。像现在这样移植模仿西方音乐是成不了真正的日本音乐的。这是的的确确的。现在，很多音乐教师、作曲家和技术行家，在日本音乐方面大都没有造诣。我认为，这样是无法建立真正日本音乐的。在此，我热切地希望，由日本音乐造诣精深的人研究西方音乐，在此基础上涌现出将之精练的天才，这样才能创造出真正的日本音乐。

唱歌的真正价值

现在这个时候说这样的话也许会被人笑话。面对一直以来饱受教育界摧残的现状，我想做一点思考。从正面说理的人即使没有我，也已经有过很多，还会有很多，而且要多少有多少。所以我想尝试从人们尚未注意到的背面来说说。很多人都认为，所谓教育就是为教育而教育。但我却认为，教育必须是为孩子而教育。措辞似乎微妙，很多人喜欢说"为教育而教育性的"，把第二个"教育"说成"教育性的"。他们在说"教育""教育"的时候，不知不觉间书桌上就变得空荡荡了。把第二个"教育"说成"教育性的"的人习惯性地认为教育总是功利的。可是我想向他们进一言：难道把唱歌作为纯艺术对待就不是"教育性的"了吗？难道不建立一个"教育性的"功利组织，就不能产生"教育性的"价值吗？我想请大家思考一下：唱歌的歌词和曲子究竟哪一个能够更多地感动人心、纯化人心？有很多人抓住歌词，说歌词才是教育性的云云。但我却相信，歌词的力量没有那么重，最重要的是曲子。

庭院有百草

还有虫鸣声

百草枯了

虫声寂了

这样的心情孩子们不可能懂，但他们却说喜欢。而歌词再好再有童心，但曲子不好，孩子们很快就会厌倦。我经常体会到这种倾向。话有点跑题，回到价值问题上来。

我在高崎市时的事情。我家附近住着一位中学校长。恰好那时在中学生中流行小提琴。当时这位校长说，音乐不是男人干的事，甚至说对教育有害，断然下令予以禁止。但这位校长回到家后，每天晚上都"咘咘"地吹箫。禁止学生做的事情自己却在违禁，还说："吹不好，但就是喜欢，戒不掉啊！""戒不掉啊！"这话绝不可放过。

听说东北地区某师范学校有位校长提倡音乐亡国论。可是，听着古怪的三弦声就忘我地手舞足蹈起来的恰恰就是这种人。如果认为音乐就是这种玩意儿，就难怪他主张音乐亡国论了，因为他自己做的事情本身就具有构成亡国原因之一的性质。听说东京某中学禁止学生去浅草看歌剧，结果学生结成攻守同盟，请愿道：不让看歌剧就请学校教音乐。既要贬低唱歌教育的价值，最终又沉湎于能乐和独舞[1]，这样的事实又说明了什么？

---

1. 能乐，也叫能，是日本的一种舞台艺术形式。室町时代由大和猿乐的观阿弥父子根据镰仓时代的田乐、猿乐完成。这里的独舞，是指能乐演出时主角一人穿着礼服、裙裤，在伴奏下独舞。

嘴上否定实际自己却在做，这样具有讽刺意味的事实让人怎么想呢？自古唱谣曲、义太夫调[1]的多有自以为高明者，很是打搅左邻右舍，这样的故事早已成了落语[2]的素材。所谓艺术，就是如此具有本能的功能和力量。用知识批判，却在感情上践行，这个事实无论如何不可忽视。假定像这些论调持有者那样，把音乐视为对人生无益、对教育有害的东西。那么，明知有害却又无法戒掉的出自本能的兴趣，又如何处理呢？如果纵容有害却无法戒掉，那是不是就该制定适当的保护法或指导法了？

有人在《读卖新闻》"斩马剑"栏目里泣述，经常能在帝国剧场和国技馆看到名士和政治家，但在音乐会上却从未见到过名士和政治家的身影。此外，近来女子学校的高年级已经可以缺掉音乐课了。有音乐教育者认为这是一件大事。我相信！相信就算政治家对音乐不屑一顾，就算在教育界音乐受到摧残，音乐热也必将以超越自身的更大的力量在年轻人的脑海里、心灵里高涨起来。如果女子学校不教音乐，学生们就会每天去浅草看歌剧。音乐教育机构

---

1. 义太夫是净琉璃的别名，日本配乐演唱故事的一种，是16世纪产生于三河地区的说唱形式。17世纪初起采用三弦伴奏，并与偶剧结合演出，产生出"偶人净琉璃"，初在京都演出，后流行于三都——京都、江户、大阪。1684年竹本义太夫开始在大阪开竹本座表演义太夫调（风格）的说唱，故净琉璃有"义太夫"的说法。
2. 落语，日本的一种曲艺表演形式，类似单口相声，演员语言诙谐，动作幽默，结尾有趣，逗乐观众。

就一定会兴旺起来。一定会有人雇家庭教师。人们将快步前进，再不回头，把那些不理解的人甩到身后！

生的力量

世上有很多人过于信赖人类的小知识和才能，注意不到生的力量、本能的力量。即使站在讲台上，对些许琐事也会提心吊胆，对不符合自己既定道德形式的孩子马上就认定是不良儿童，稍有大点的失策就像犯了不可弥补的错误一样惊慌失措。这些都是因为不懂生的力量，没有坚信人类不会被这点小事击垮的信念的缘故。人恰恰具有生的力量，就像狗尾草那样，越被踩踏就越会从下面发出新芽，会从内心深处汩汩地涌出希望，不断催生出新芽来。要相信，就算断了一条胳膊一条腿，人也是绝对不会死掉的。

这里转载一下《菊池宽杰作集》讲述获得勋章故事的第42页，他写道：

春天来了。欧洲大战第二个年头的春天来了。破坏一切、杀伤很多人的战争，也对春天的复苏束手无策。跟战争的破坏力相比，更大的力量变成了绿色芳草开始从被炮弹炸毁的战壕的混凝土缝隙中发出芽来。被炮弹削去了树冠顶部的白桦树，下面的树枝上也发满了水嫩水嫩的新芽。

要相信，人的心里也存在着这种无比巨大的恢复力。在你为破坏和失望而烦恼的时候，请反反复复一遍一遍地读这段文字吧。你的内心深处一定会萌发出水嫩的新芽，你一定会为新的希望而感到欢欣鼓舞。

生活简单化

当人们相信这种生的力量而活着的时候，就能生活得很坚强。一旦注意到人所具有的才能、知识的力量很小，你就会注意到来自这些东西下面的大宇宙的节奏。跟着宇宙的节奏活下去的时候，相当复杂的人生也能意外地活得很简单。这就跟游泳一样，掌握不了律动的波浪节奏，每次浪来都会被浪打，而掌握好了波浪节奏，游泳的时候再大的浪也能轻松越过。

我认为，如果逆宇宙节奏而行地发挥人类的才能，人生就会变得愈发复杂。愚蠢的人会在简单的世上活得很复杂，而伟人则会在复杂的人世间活得很简单。我就想这样活着，把生活过得很简单。

生活艺术化

　　活着且生活得简单，一切都会产生余裕，无论是听音乐抑或是唱歌，都能踏踏实实地细细品味。你会对房间里的挂轴感到真正的兴趣，你会时常亲自为庭院里的盆景浇水。我就想这样把人生艺术化，闲适地度过一生。

　　这比执迷于渺小的荣誉心、渺小的优越心而功利狭隘地度过一生，不知要幸福多少！自从我来到成蹊学园后，切身体味到了这种生活艺术化的愉悦。

　　与其玩弄这个自由教育、那个某某主义，莫如相信生的力量，站上讲台进行真教育，在学生的内心里也培养出强烈的生的力量。我就是以这样的态度站在讲台上的。假如这样做是错的，影响就会反映在每个学生身上，那就必须改正。所以，如果我有错误之处，就请您为了您的孩子不吝指教。

　　"生活的简单化和艺术化，打算他日略予细述。"（完）

　　大正十一年一月

　　这篇被认为是宗作老师的第一篇文章，发表于音乐学校毕业当上小学教师后的第四年。文中可以看到，一位充满热情的二十八岁年轻教师的苦恼和梦想在他身处其中的现实中卷起巨大旋涡，朝着未来扩散开去。文章把大正民主浪潮中一位年轻教师在音乐之中追求个性培养，与现实相互碰撞的形象，展现在人们眼前。这篇文章对我意义非常重大。

这篇文章里蕴含着几个不容忽视的问题。

第一，强烈诉诸读者的是"不要把音乐教材用于其他目的"。他大声疾呼，利用音乐灌输修身、道德、军事思想等的做法尤为荒谬！这样做，音乐就不再是艺术了。他对这种事实实在在地担心。音乐不再是艺术就等于否定了文化。当初靓丽的大正民主之花后来被军国主义摧残掉的事实，就是证据。宗作老师在内心深处担心，"如果这样做，日本文化就不能通用于世界了"。不幸的是日本完全就是这么做的，并迎来了战败。

对儿童教育来说重要的是要刺激孩子们的感受力，发展这种感受力使之能够敏锐地感受到美，而绝非把大人的想法、思想、主义强加给孩子。这并非迎合孩子，而是要把孩子们的能力培养出来，以便他们长大后能够创造出更加正确的时代。如果做不到赋予孩子们力量，使他们每个人都能靠自己的力量开创新时代，那就不成其为教育。因为让孩子按照大人的想法做，无异于关闭了人类进步和发展的大门。

大人必须教给孩子的是，人不能一个人孤立存活，必须活在与他人的关联之中并形成社会，社会需要爱，而真正的爱，只有接触美的东西才会萌芽。所以尊重艺术就是文化的基础。这种为美而感动的能力，只有在儿童时代培养才行。我认为，这就是宗作老师的教育理念，是他燃烧了一生的能量。在那被涂上清一色军国主义色彩的第二次世界大战中，巴学园所实施的自由教育的原点，不是别的，就是宗作老师年轻时就已经形成的教育哲学的实践。

第二，具有重大意义的是经常把如何考虑西方音乐与日本音乐放在心上。直到今日，日本的现状仍然是把18世纪、19世纪的欧洲音乐当作音乐教育的主线，可以毫不过分地说，宗作老师的烦恼一个都没有得到解决。在大正十年（1921年）这个时间点上，宗作老师作为现场教师正面提出这个问题，意义重大。一边是在模仿西方音乐过程中形成的学校音乐的教材，一边是孩子们在宗作老师面前唱数数歌、游戏歌等日本传统童谣。对一心要在孩子们的生活中思考实践教育、思考寓教于乐的宗作老师而言，这肯定是个大问题：这两种音乐不能彻底切分成两种不同的事物。

结果，就只好"由日本音乐造诣精深的人研究西方音乐，在此基础上涌现出将之精练的天才"了。不过，宗作老师以后也没有仅仅袖手旁观，他一直坚持采用种种形式去尝试，一心要把日语中的音乐性灵活应用在教育中。然而，即便拿出已故小泉文夫的大脑和行动力来做，拿出小岛美子的分析和理论来做，这个问题对日本人来说就像永恒的课题一样横亘在我们面前。这本书不可能深入这个问题，可以有机会再探讨。但我认为，至少宗作老师下定决心要去欧洲留学的动机之一，正是想用更好的形式找到用西方音乐来教育说日语的孩子的合理性。

第三，非常让我兴趣的是宗作老师对当时的童谣和唱歌的想法。

大正七年（1918 年）铃木三重吉创办了儿童杂志《赤鸟》，由一流诗人创作艺术味道四溢的歌词，由一流作曲家作曲，这在为孩子们创作歌曲的领域里展开了一场无与伦比的活动。我们现在所说的童谣，多指这个活动开始后创作出来的儿童歌曲。比如，《赤鸟》和《金船》《金星》等杂志接二连三地发表了西条八十作词、成田为三作曲的《金丝雀》，清水桂作词、弘田龙太郎作曲的《鞋子在唱歌》，三木露风作词、山田耕作作曲的《红蜻蜓》，北原白秋作词、中山晋平作曲的《砂山》，野口雨情作词、本居长世作曲的《红鞋子》等歌曲。直到今天，这场"为孩子创作好歌"的童谣创作活动仍在继续，以藤田圭雄、中田喜直为核心，非常多的作词家、作曲家每年都会创作很多童谣。

这些歌曲发表于大正时代，但可供了解当时人们如何接受这些歌的资料却并不太多。不过，在小学现场教授文部省唱歌的教师们还是留下了一些观察文字，对我们了解当时人们如何批评、如何接受那些脍炙人口的新歌方面颇有助益。有认认真真致力于教育的青年教师说，当时的小学生也厌倦学校的唱歌，并用一句话断定了原因就是教材不好。他们的这种信念和勇气甚至让人感动。宗作老师曾预言，新童谣创作的胎动必将引起"新派与旧派"的大论战，很遗憾，在当时日本沦为军国主义一边倒的形势下，大论战最终并没有发生。然而，战后信息传播的巨大变化，把孩子们的音乐嗜好推向了战前、战时大人们完全没有预料到的方向上去了，应该挑起大论战的大人们陷入了一种完全不知道如何把握论战的矛头和把矛头对准何方的状况之中。

此外，在这篇文章中两度引用了野口雨情作词、本居长世作曲的《四丁目的狗》，可想而知，宗作老师从这首童谣中感受到了怎样的魅力。

《四丁目的狗》被认为是率真表达儿童各种心理状态的名作。金田一春彦在《童谣·唱歌的世界》（昭和五十年〈1975年〉·主妇之友社发行）中写出了从孩子们的世界所看到的非常卓越的解释，推荐大家务必一读。这首歌，跟宗作老师的感性完全吻合，他甚至说："……唱着这样的歌曲，孩子们的表情都会明亮起来。我希望这种童谣更多更多地发表，填满整年的教材……"

还有一点很有趣。宗作老师说："我想拜托《赤鸟》编者，难得创作了这么好的童谣，在配曲的时候，也请配些更加富有童心的曲子。"并表示，"如果不加修改，我是没有心情直接教给孩子的。"北原白秋说过："无论怎样，毋宁说童谣不要作曲，全靠孩子们的自然唱法，倒是正宗。"西条八十也曾坦言："我在空想，忽然觉得，如果请人弹奏优美的伴奏，请你一边听一边盯着歌词看，还看不出我的童谣的感觉吗？"（藤田圭雄著

《日本童谣史Ⅰ》茜书房刊)。把他们的话与宗作老师的说法结合起来思考，宗作老师要站在教师的立场上怀着一颗童心，北原白秋要把童谣创作成"童心童语的歌谣"，两者之间有着很大的共同点。据介绍，白秋的这段话是针对石川养拙为《慌张的理发店》一诗所谱曲子说的。

藤田表示，对作词家而言，"很难从正面对音乐这种特殊的艺术进行理论性批评，也不能表示不满，但就是莫名地感到不能严丝合缝"。这句话把作词家与作曲家两个世界中看不见的那部分的接缝展示了出来，很有象征性。

宗作老师在这篇文章里强烈主张：艺术丰富人生，艺术的感受性和情操必须从小培养，所以必须常怀童心，在孩子们能够理解、享受的范畴内思考这种培养。这是宗作老师至死不渝坚持的思想，正所谓"教育不是为教育而教育，而是为孩子而教育"。

离开成城学园

在成城学园，宗作老师在小原国芳先生领导下自由自在地做教育，非常充实。自从昭和二年（1927年）小原先生创立玉川学园，出面经营两所学园以来，成城学园内部发生了种种问题。坊间所说的成城事件，就是终于在昭和八年（1933年）发生的排斥小原运动，校内因此分成了两派，还发生了学生罢课等事件，结果小原先生离开了成城学园。听闻各种不同人物的说法，好像最终是在资金的使用问题上分裂成了赞成派和反对派。分裂后的学校，学生、教师都分成了两派，有人留在了成城，有人去了玉川，还有人离开了成城和玉川，学校四分五裂了。我的恩师远山一行老师说，他也是在这个时候转到其他小学去的。那么，这时的小林宗作老师情况如何呢？

金子巴先生的话

……父亲判断任何事物的标准好像都是"自然不可逆"，因为这是达尔克罗兹的根本精神。所以他的想法是，在这次事件中也不可以逆自然而动。任何事情要动，就必须为真相而动。任何情况下，事件双方都有"真相"。理事一方、小原先生一方各有各的"真相"，双方必须互相承认对方的"真相"。旁观而言，这个想法看上去似乎是对双方都有利，所以遭到了误解。有人说"小林这家伙不站队"，有人说"他讨好双方，八面玲珑"。尽管事件过后父亲仍然在成城学园留了一段时间，但工作越来越难做，越来越没有意思，于是就辞掉了。对父亲来说，他的想法大概就是教育"必须干真事，所以离开后成城学园会怎样就随便了"。

恰好这个时候自由之丘学园的话题提了出来，父亲便顺水推舟转到自由之丘去了。当时家长中有很多人都认可小林老师的教育绝对对幼儿有好处，父亲得以从中获得巨大的声援力量……

开办巴学园

东京都目黑区自由之丘二丁目十五番地，昭和十二年（1937 年）这里曾有两所学校，一所是小学，名为私立自由之丘学园。附近还有一所中学，名为私立自由之丘学园中学。两所学校由完全不同的经营者运营。当时，自由之丘学园小学经营不理想，陷入了困境。

宗作老师的好友，当时的现代舞先驱石井漠先生就在旁边教芭蕾舞。他听说了此事，就来跟宗作老师商量，说："在这里实现你总挂在嘴上的、想要搞的教育，怎么样？"当时，宗作老师已经隐约感到很难再在成城学园待下去，并已对在成城学园的工作感到兴味索然了，便立即考虑收购这所学校。他把学校的债务以及其他资金全部清算出来，然后找成城时代学生家长中的有志者商量，看自己有没有足够的实力干起来。结果，家长们爽快地承诺："很好！我们支持你！"于是宗作老师把自己在成城的房子也卖了，筹足了资金，收购了这所学校。这里本来就是小学，只要资金问题解决了，马上就能干起来。校舍、操场都买下了，宗作老师就搬到了自由之丘。

金子巴先生的话

……学校占地很大。校园一角榉木参天，池塘泉水汩汩涌出。校舍是一座极普通的两层建筑，呈钩形，钩尖儿上是幼儿园，旁边就是校长的家。再就是宽阔的操场。昭和十二年四月，私立自由之丘小学和幼儿园开学，取名巴学园。

记得当时想在学校开张之际为宣传巴学园，准备举办一场类似沙龙演唱会的活动，为此制作了海报，分发给了附近的人们。

开张那年，从一年级到六年级，共有学生三十人左右，反正学生人数不很多。父亲当时的想法似乎是人数还可以多一点，后来却经常说，小学的学生基本上以少为好。我觉得经营艰难就是因为这一点。但后来幼儿园渐获好评，大量孩子闻讯而来，因此在经济上小学也是依靠幼儿园的收入维持经营的。

可是昭和十四年发生了一件事。学校的坡上紧挨着自由之丘学园中学，一天，学校老板突然跑来，拿出一张证明文件，说："我曾经借给这所小学钱，请把欠款还给我。"这两所学校虽然同名，却毫不相干。没有人告诉过父亲小学找中学借过钱。当时父亲已经倾注了全部财产，根本无法偿还这些欠款，而且事到如今已经不能再去求助成城的家长们，于是彻底陷入了困境。如果是现在的我，肯定会动动脑筋打打官司争上一争的。但当时父亲大概已经不堪忍受乱事情纠缠了，便说："既然如此，你拿走一半。"结果就把建有校舍的那部分地全部给了人家，把约1000坪（约3300㎡）土地中的400坪交了出去。大约正好是在第一学期结束的时候，在校园的正中间打起了篱笆墙。打篱笆不要紧，校舍却没了。校园正好是一片坡地，父亲就打算把坡地下方建成操场，把校舍建到坡地上方去，于是快马加鞭，就在当年暑假结束前，建起了木结构平房校舍。

父亲究竟在哪里筹到的那笔钱呢？我还是个孩子，经常跑进工地玩耍，看着工匠们开着电灯，叮叮咚咚干到半夜，非常开心。其实这两三个月，是非常辛苦的。但暑假一结束，孩子们开学到校的时候，学校已经焕然一新，学生们无不兴高采烈欢呼雀跃。这座新校舍，就是黑柳彻子女士他们曾经学习过的巴学园。

虽然整体面积变小了，但一进校门，右侧高处是小学，有四个教室，左侧是幼儿园，正中间预留了建造礼堂的地方。幼儿园外端就是我家。由于还有部分空地，就把电车车厢运来放在幼儿园边上。

礼堂是昭和十五年建成的。妹妹美青的毕业典礼就是在这里举行的。礼堂正面圆柱排列，上方有梁，用藤子搭成顶棚，呈放射状。整个建筑形状奇特。父亲大概是想建成希腊风格的建筑，或建成近乎他在法国亲眼所见的建筑样式。所以，他原本肯定是想用大理石建造正面圆柱的，但心想事未成，结果只能用混凝土来建造了。在这些圆柱的顶部，建有希腊雕塑风格的雕像。这些雕像也不是用的大理石，而是用石膏做成的。这些雕像都在战争中被损毁了，换成了二宫金次郎[1]的雕像。

为了纪念礼堂落成，邀请钢琴演奏家野边地瓜丸来校举办了演奏会。我还记得写了很多邀请函寄了出去。大约二百人集聚一堂，礼堂满员了。当天，在田园调布拥有巨大豪宅的财界大佬山本先生来到学校，非常中意巴学园，第二天就把儿子送来上学了。大概他觉得，这所学校也会让他的孩子幸福的。他的这个儿子是山本泰明小朋友，腿脚残疾，就是黑柳彻子女士拼命帮他爬树的那个孩子。

电车车厢教室因《窗边的小豆豆》而闻名于世。幼儿园小朋友的家长中有一位在东横电铁（现东京急行）公司担任要职，父亲跟他说："想搞一个电车车厢教室，能不能提供一辆报废的车厢？"这位家长说："这个想法有意思！

---

1. 二宫金次郎（1781—1856），日本江户时代后期著名农政家和思想家，一名二宫尊德，曾提出"报德思想"。在德川封建社会，他被誉为村藩财政改革和农村复兴的成功指导者和实践家；在日本近代资本主义和帝国主义时代，他被树为"勤勉、节俭、孝行、忠义"的国民道德典范。

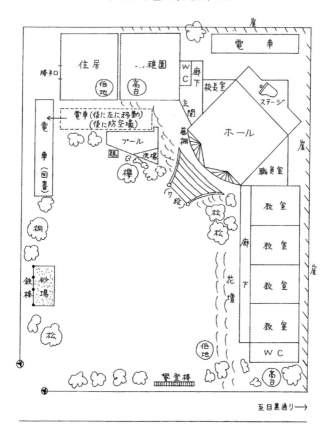

トモエ学園想像復原平面図

记忆中的巴学园复原平面图 [1]

---

1. 图中日语单词翻译如下：ステージ：舞台。ホール：大厅。7段：7级台阶。プール：游泳池。鉄棒：单杠。攀登棒：攀爬杆。至目黑通リ：通至目黑路。

只要你们承担运费就可以送给你们。"就这样，车厢运来了。东横线在元住吉有一个工厂，报废的车厢在那里拆掉了马达等铁制品，只把车身运了过来。车厢先是拉到田园调布的铁路引线上，在那里用吊车抬起，放到电线杆、枕木做成的平台上，又在平台下面装上轮胎，最后用卡车拖了过来。

父亲之所以果断决定使用电车车厢，我想大概是因为他在欧洲期间在什么地方见到过这种用法。他肯定看到过把车厢放在校园里，孩子们玩得很开心的情形，觉得这个做法很好。如今的孩子大概也一样。当时，孩子们的梦想就是当一名电车的司机或乘务员，或者去当兵。我觉得他们对电车有一种强烈的憧憬。就是已经当了父亲的汉子，也都有乘坐一次欧洲快车、西伯利亚铁路火车的梦想。父亲第二次去欧洲留学时，乘坐的就是西伯利亚铁路火车。我经常听父亲讲起当时在漫长的火车旅行中自己做饭的故事。很长一段时间，家里保存着父亲当时用过的野餐用具和饭盒。

第一节车厢运来了，孩子们高兴得不得了。只需把要来的旧枕木在地上摆放好，把车厢嘭的一声放上去就大功告成了，非常简单。然后大家就用水管冲洗，把车厢弄得干干净净。我记得它变得很漂亮。我也拼命帮着洗来着。车窗的玻璃很厚，内侧装有木制的防晒百叶窗，如果自己加装这些肯定很昂贵。座椅原封未动，放上桌子，马上就变成了教室。

车厢的面积约为三个四张半榻榻米加两个六张榻榻米大小，相当的宽敞。用的时候分成了三个部分，前面的驾驶席到第一个车门之间、乘务员室、后面的三个车门之间。

后来，东急电铁又有报废车厢，就来问学校还要不要。因为非常实用，而且非常好玩，就又运来了两节。当时孩子们那高兴劲儿，在《窗边的小豆豆》里有生动的描写，大家一读便知。后来又有一节，就运到学校在九品佛寺庙附近的一个约 300 坪（约 990 ㎡）大小的农园去，当摆放锹、镐等农具和所收获作物的小屋用了。

由于幼儿园的孩子不断增加，就把两节车厢当作幼儿园的园舍使用了。其中一节直接当作玩耍室和图书馆了。记得放暑假后，这节车厢就会给前来参加讲习的老师们当食堂使用。他们来自全国各地，暑假期间就在教室里住，在车厢食堂里吃饭。把车座排成一排，放上书桌，就可以吃饭了……

总共有几节车厢，准数现已无从知晓。但在昭和二十三年（1948 年）十一月七日的《静冈新闻》"星期日儿童新闻"栏目里，刊载了车厢教室的照片，并刊登了如下报道：

可爱的车厢学校

上图是东京都目黑区自由之丘的巴幼儿园。这里的小林园长过去在巴黎时，看到过马戏团的大篷车，由此突发奇想，要来废旧省线电车车厢，建成了学校。原来共有七节车厢，战争中烧毁了五节，现在只剩下两节。照片上是可爱的孩子们正在和老师们一起吃午后点心的情形。

这篇报道采访对象就是宗作老师。可以说，如果报道无误的话，就是一篇非常珍贵的记录。由在巴黎见到的马戏团产生出来的点子，难道不是饶有兴味的吗？而且竟有七节车厢，太让人震惊了。

许是移动电车不太难的缘故，车厢的位置经常变。前面"记忆中的巴学园复原平面图"上，教室的右端是厕所。但从留下的痕迹来看，被烧毁之前这里曾摆放过车厢。而且，车厢比较容易加工，有的被一分两半，有的被拆掉一个面连接走廊，有的在战后被用来代替礼堂的舞台，还留下了照片。

另外，这报道中还提到一件事，"……要来废旧省线电车车厢……"所谓省线就是现在的国铁[1]。如果认为这就意味着是

---

1. 国铁，即国营铁路，后因负债累累，经营艰难，1987 年被日本政府分割后进行了民营化。

战前的车厢，那么，究竟这些车厢是东急的还是国铁的，就会搞得很混乱。但这是面向孩子们的报道，也没有必要写得很明确，所以，报道不一定很可靠。

记得《窗边的小豆豆》的人可能会感到蹊跷。在黑柳女士的书中，车厢是从大井町调车场运来的。如果是这样，车厢就是国铁的。我曾尽可能地调查过各个省厅[1]，最终没有找到战后巴学园接受过国铁车厢的相关资料。也许由于几乎所有地方都在战争灾难中被烧毁了，资料没有保存下来。金子巴先生说："我肯定战前的车厢是东急电铁的。"不过，车厢是东急的还是国铁的已经无所谓，问题是在这所有车厢的学园里开展的什么样的教育。

---

1. 日语中的"省厅"意指国家的政府部门，如外务省、消防厅等，与中国的"部委"相类。

巴学园的教育

　　《窗边的小豆豆》让全日本的人们带着感动了解到了巴学园的教育是多么非同凡响，多么充满自由，同时又是多么卓尔不群。然而，我认为除了站在学生立场上看到的东西之外，巴学园的教育还有几个重要之处。我曾向金子巴先生确认过，在此介绍一二。

　　第一，开始综合教育，是巴学园小学的重大特点之一。这与宗作老师所谓"小学人数以少为好"的观点密切相关。这拯救了尚未开始分化的小学低年级的学生们。例如，某年三月三十日出生的孩子与四月五日出生的孩子仅有数日之差，入学的时间之差却要拉开整整一年。成年后的一年权且不说，六七岁前后的一年时间，在发育阶段上却有巨大差异。所以，把一、二年级学生并班学习，就等于一、二年级学生都要上两次一、二年级，调整授课方式，就有可能进行密度更大的授课。三、四年级的学生也可以同样并班。到了五、六年级，各年级学生出现了各自的倾向性，就要采取以各自所期望的课程为核心安排课程的办法。

　　在叙述综合节奏教育的时候已经多次说到，宗作老师的理想是不要让一件事仅仅在一个科目中学过了事，要尽可能让这件事与所有科目发生关联，而且要在学生们没有意识到这就是"学习"的情况下，通过玩耍记住、理解、体验。所以，这不仅仅是年龄上的问题，还是教育方法上的复合教育。

第二，教师的想法和热情，当然是开展这种综合教育很大的因素。对这种教育有共鸣的年轻人也是有的。例如，即使是东大文学系毕业生来当小学老师，也只有代课教师的资格。尽管如此，学校毕竟引进了东大毕业的教师。这样的教师似乎积极性很高，总想用自己的方法授课。阅读《窗边的小豆豆》时我曾经看到过这样的评论，认为孩子们每天光玩儿了，"到底学习了没有"？然而反过来说，孩子们扎扎实实地学到的东西都留在了他们的记忆中，但不是以刻板的学习形式，而是作为玩耍中的感觉记住的。所以，这种教法可谓巧妙，可谓卓尔不群。

因为是小学，形态再特殊，当然也要放在文部省教育指南框架之内，六年时间要教授什么，都是规定好的。尽管如此，只要指导老师有能力，就可能把语文课出现的内容，与历史课、作文课、算术课、地理课关联起来开展教学。对孩子们来说，不知道自己上的是历史课还是算术课抑或是语文课，也不知道自己是在学习还是在玩耍，但却大感兴趣，不知不觉就学到了东西。《窗边的小豆豆》中也出现了许多关于学习的描述，但在黑柳女士的心里却丝毫没有留下"被迫学习"的感觉。我认为，这就是非同凡响的教育方法。

金子巴先生的话

……东大文学系毕业的老师们知识丰富，他们教小学语文课教得有多么符合自己的理想，我没在现场，不了解详情。但我觉得，他们实施的教育大概是非常符合自己理想的。而且，父亲也是任凭老师们自由教学的。例如，只要天气好就会走出教室。不关在教室里照样可以学习。学历史，去九品佛的寺庙比憋在教室里好得多，学生还能认识路上田间的植物，教师还能把一反[1]农田可打多少大米，以及日本地理、算术、百分比、植树算等，什么都可以讲给学生听，让孩子们自己动手做。课教得非常扎实。我觉得指导老师的能力超强。

比如，读《窗边的小豆豆》的时候好像黑柳女士一次批评都没有挨过，其实黑柳女士老是挨批评，只是绝对没有采用过让她受到伤害的批评方式而已，所以黑柳女士没有意识到自己受到了批评。我想，老师们是在认真考虑好批评与表扬之间的平衡之后才提出批评的。这是一种领袖的力量。父亲总说："狗也好，狮子也好，都不能打。鞭

---

1. 日本土地面积单位，1反约等于990平方米。

子抽到身上的瞬间，产生的唯有仇恨。爱的鞭子是不存在的。"在家里，父亲也从来没有举手打过孩子。老师们十分理解父亲的这些理念。没有这些老师们的力量，恐怕巴学园又是另一番模样了。从这个意义上说，巴学园的办学方法自不必说，每一位老师的力量都得到了充分发挥。当然，学校小，学生与校长的接触从未断过，但授课本身靠的全是任课老师的力量。

用更多方法实践巴学园搞的这种教育的教师，恐怕已经遍布全国各地。

想起来了，在我进高等师范学校那会儿，父亲曾说："你们学校的讲师里谁有空啊？"我问："问这干吗？"父亲说："想找一个会玩儿的老师，一周来三天就行。"我没太理解，就回答说："玩儿？让孩子们自己随意地去玩不是更好嘛！"其实，父亲所说的玩儿，是不一样的玩儿。老师必须什么都会。真正的"玩儿"，只有什么都会了以后才能做到。在这个意思上，老师心里没有"玩儿"，就不能个性化地对待每一个孩子。所以，父亲找会玩儿的老师找得很苦。

乍看上去像是放任孩子，但绝不是放养，而是以巨大的力量一边呵护，一边培育孩子的嫩芽。培育嫩芽和对待每个孩子的方法，全凭各位老师的创意和指导能力……

第三，许多读过《窗边的小豆豆》的人都感到不可思议："巴学园这样的自由教育在战争期间是怎么做到的？"正如黑柳彻子女士在后记中写的那样：如今，我们已无法直接请教宗作老师了，详细情况不得而知，只能在已知的范围内进行思考。

无论怎么说，最大的力量就是宗作老师的思想和信念。前面，大家已经读到了宗作老师流传下来的文章，想必对这些已经有所了解。

教育必须是自由的，不受任何束缚。

教育只能把真实教授给孩子。

教育不可无视孩子的感性而用于其他目的。

宗作老师以此三点为核心，把体态律动教育置于教育的原点之上，实践了对孩子的综合教育。这三个观点在宗作老师的内心化作了坚强的意志而发挥作用。比如，为了开展不受任何束缚的自由的教育，必须排除"出资金也出主意"的人。为此，巴学园一直拒绝接受一切来自公共机构的私立学校补助金。甚至还有过这样的说法：唯独巴幼儿园拒绝接受补助金，搞得幼儿园协会很难堪。金子巴先生说："……父亲常讲，要是得了一点点钱就要在教育内容上被人指手画脚，那这种钱就不要了。所以，这种钱父亲一概不接受。尽管也有人说不要太可惜了，但父亲还是固执地不接受……"学生人数少，但学校经营绝不轻松。月薪在当时发得也绝不算低，听说每月8日元左右，折合现在大约2万多日元。尽管如此，经营仍然艰难。为此，宗作老师到处承接体态律动教学法讲座，兼职保育员培训所教师，把所得收入全部投入了学园的经营。请不要误解，宗作老师不是为了钱才做这些工作的，而是将其当成了教师本职工作的一个重要方面。

教育要在月薪范围内进行，不足部分要在与学校无关的地方挣。如果向在校生的家长低头拿钱，教育就无法按照自己的想法进行。这种自我约束，也许跟成城事件中家长因资金用途分裂成两大派的体验有很大关系。所以，在坚持向宗作老师提供经济援助的人士中，很多都是在城蹊、成城时代就发自内心地对宗作老师的教育产生了共鸣的人。

还有，必须教给孩子的"真实"又是什么呢？我想，对宗作老师而言不就是"大自然"吗？要找到的是生存在大自然中的自我，而不是生存在人造流程中的自我。宗作老师在故乡榛名山优美的自然环境成长起来，在其中萌生了自己的音乐观，像文部省唱歌那般把成人的感受强加给孩子，让他感觉到叫人无法忍受的不自然及与生涩懵懂的孩子之间的偏离，让他把自然节奏当作美的源泉去追求。这种本质的美，不会因时代变迁而变化，其艺术价值也不会因媒体推出或宣传而提升。这种教育不是执行某月某日开放泳池的决定，而是天热了就去游泳，天晴了就去散步，在户外接触大自然，并把这些当作天经地义的事情来做。

如果真正的美不会因时代变迁而变化，那么，真正的教育也不会因时代变迁而变化。所以，无论是战争中还是战后，宗作老师对孩子的教育从来没有任何改变。教育孩子与战争没有关系。金子巴先生抒怀道："……父亲并没有因为正处在战争之中，就把战争搬进学校。只有衣服之类带上了战争色彩，却从未说过美国是敌人的话。战前战后，父亲没有任何变化……"可见，宗作老师的信念是：真正的教育是不受时代潮流影响的。难道不是吗？

这不是出自反战主义的反战教育，早在大正十年（1921年）宗作老师的文章中就有了："……某物是道德，某物是军事思想，某物是地理，某物是历史，如此为了某物创造出来的东西，创造动机本身就是非艺术的。艺术氛围遭逢这般露骨的功利主义，必将被毁得乱七八糟……"音乐艺术就要纯粹地处于美的感动之中。这是宗作老师的强烈愿望。大正民主催生出来的巨大浪漫，正是宗作老师的教育方法。

在那个举办"里特米克"讲习会时就会有人前来询问"'卡特里克'讲习会是在这里举办的吗？"[1]的时代，宗作老师在自己创办的巴学园里实践了理想中的教育。学校规模很小，从一年级到六年级，学生多的时候五十人左右，少的时候三十人左

---

1. 日语中，"体态律动教学法"一词（法语 Rythmique）的发音与"天主教"一词（拉丁语 Catholica）的发音相似，易被混淆。

右。正因如此，宗作老师所创造的综合节奏教育迈出了坚实的一步。时至今日，体操与音乐作为课程科目仍与旧时一样完全分设，要在普通学校正确采用体态律动教学法是完全不可能的。然而，学生人数很少的巴学园里，却非常理想地实现了体态律动教学法。不仅达尔克罗兹的体态律动教学法，宗作老师在欧洲学到的各种先进教学法都在巴学园得以付诸实践。

例如，我与黑柳彻子女士一起做"13点秀"节目时，有一次要请黑柳女士唱莫扎特的咏叹调。因为不需要演唱全曲，我就问："在哪里把曲子切短？"她当即脱口而出说："从这个旋律转到这个旋律怎么样？"说着用简谱把旋律写了出来，跟口琴谱一模一样。我瞬间惊了，感到不可思议：她怎么会这么娴熟地记简谱呢？节目做完后我问起了这件事，她说："我自己也搞不懂，但写简谱最快。旋律也好，乐符也好，简谱最好懂。"我惊讶地"哦"了一声，非常钦佩。当时我还根本不知道黑柳女士曾受教于小林宗作老师，于是感叹了一番"还真有这种怪才之人啊"，便放下了。

她的简谱当然不是用口琴学会的。顺便一说，所谓简谱非常简单易懂，就是 1 = do、2 = re、3 = mi……用对应关系的数字标记。用数字把音程记成谱子，从演奏乐器方面来说，自古以来就在中国、日本、印度尼西亚、西班牙等世界各地有所使用。用数字表示西洋音阶 do re mi fa so la si do，使其发生种种变化和发展，赋予音程感，传递和声感，并用于视唱。这种方法是达尔克罗兹以及法国的安德烈·热达尔日等人频繁使用的方法。

热达尔日是位作曲家，在音乐教育方面，热达尔日也倾注了极大的精力，培养出了拉威尔、奥涅格、米约等大作曲家。宗作老师第二次留学时了解到这位热达尔日教授发明的热达尔日式音乐听力训练法，深为倾倒并潜心研究。可以想象，宗作老师在巴学园也把这个方法用到了孩子们的教学上。有趣的是，就是这位记忆力超好的黑柳彻子女士，也已经完全记不清自己是在什么时候、什么地方学会简谱的了。

这件事如实地告诉了我们，宗作老师的教学法绝不是教授理论的。他的教学法把表现感觉的音乐和身体运动那么自然地灌输给孩子们，宛如吸水纸吸收墨水一般，让孩子们用身心吸收音乐的技能和理论。所有科目孩子们都不是在"学习"这个刻板桎梏中学习的，而是在孩子们喜欢的游戏中，在孩子们感兴趣的事物中学习的。如果单纯讲究教育理论的出色，宗作老师独立时家长们大概不会那么支持他。正是因为他的实践自然、方法巧妙、出色的指导深入童心，感动了家长，才赢得了往届学生家长们如此的支持。

在这里，我想再介绍一个我亲眼所见的黑柳彻子女士的才能。

"彻子的房间"是一档请嘉宾愉快讲述自己人生故事的节

目，需要事先认真采访和对接。在与责任导演对接的时候，黑柳女士总是一边仔细地做笔记，一边按照自己的思路构思节目架构，决定取舍之后，在心里策划节目流程。在进行这项工作的过程中，有时会有电话打进来。每到这种时候总会令我惊讶：她居然一边应对电话那头的人，一边用铅笔记录导演的报告。起初导演是想等她打完电话的，但她却说"请继续"！就是说，她是接听电话和记录节目组同事讲话两头兼顾的。这需要优异的注意力和同时处理两件事的能力。我第一次目睹这个事实，真的被惊到了。这个人的大脑结构究竟是接受了怎样的教育形成的呢？我对此产生了极大的兴趣。但后来听说黑柳女士曾经接受过宗作老师的体态律动教育，我才恍然大悟：怪不得！

我把这件事讲给朋友听，被他否定了，他说："这都跟体态律动教育扯不上关系！"然而我不这么认为。当然，不是每个学过体态律动体操的人都能变成这样，但我认为，黑柳女士与生俱来的天赋因学习了体态律动体操而得到了巨大的开发，则是千真万确的。

打个比方，听过巴赫音乐的人马上就能理解。欧洲发展起来了一种两个或更多旋律和节奏同时演奏的音乐，叫作"复调音乐"，是西洋音乐学习者最基础的学习内容。体态律动教学法把这种复调运动系统地引进了音乐教育。尤其在走步、跑步的基本动作中，可以加上丰富多彩的变化让孩子们掌握复调的动作。《窗边的小豆豆》在写到体态律动的地方对当时的情景也有过精彩的描述，我想大家都已经了解了。当时，他们做过很多这样的训练，如让身体的动作与听到的音乐节奏不同步；让手和脚做节奏完全不同的运动；让身体合着前一小节或前两小节的节奏做运动；让身体动作的节奏与耳朵里听到的节奏完全不同。这些训练可以增强注意力，同时还能让孩子具有当机立断判断事物的勇气。而且，跟着音乐宛如水流一般地掌握这些，还能感受到很大的快感。

幼儿第一次训练成功时的高兴劲儿，简直就是欣喜若狂。这种韵律运动如果能够几人一组整齐划一地做出来，或把每个人的动作集合起来在空间造出群像般的造型美，就等于孩子们真正靠自己创造出了和声与重唱等音乐的形式美。这将直接与他们每个人尽显个性又总讲究整体美的人生生活方式紧密地结合在一起。我觉得，黑柳女士身上特有的温馨、对待他人永不厌倦的关爱和坚定主张自我的强烈个性，就是在这些训练中开发出来的。而宗作老师了不起的地方，就在于让孩子们拥有了这些才华，却对学习训练这些才华的过程没有任何记忆。

据说宗作老师经常说："……在教育过程中，如果能做到让孩子留下一生中能够回忆起来的美好记忆，哪怕只有一个，就是最好的教育！……"他还对金子巴先生说："为此，必须让孩子们积累丰富的经验，进行内心宽松的教育。"听说每次学生们聚在一起的时候，宗作老师就会对他们讲法国、德国。

所有这些，绝非闲聊。

金子巴先生的话

……尽管巴学园校舍是新的，但校园里放着废旧车厢，从外面看像是一座破旧的学校。我还记得，经常有孩子来反映说："有人说我们是个破学校！"于是，在下一次学生集合的时候，宗作老师就会对孩子们这样说："人家说我们是破学校，又有什么关系？巴学园一点厉害的东西都没有。可是啊，老师去法国的时候，看到一些研究所什么的，窗户玻璃都破了，房子也很旧，就是个破烂不堪的地方。但是，伟大的居里夫人就在里面，做着世界上最了不起的研究呢！……"

听到这些，孩子们肯定会消除心里的自卑感，懊恼也会转变成优越感。最重要的是，他们会让内心更加富足。

在巴学园，除了音乐课，还经常让孩子们听专家演奏的音乐，诸如钢琴独奏、弦乐四重奏等。每每举办这种音乐会的时候，邀请家长自不必说，学校还会邀请附近的人前来参加，全部免费。大家听说有以宗作老师的学生黑柳彻子女士的父亲黑柳守纲为核心的弦乐四重奏，会兴高采烈地前来参加演出。在"破学校"的礼堂里聆听正宗音乐，是送给孩子们的奢侈礼物，就是在今天，也是难以想象的。孩子们在不知不觉中懂得了人重要的不是外表，而是内心的道理。难道不是吗？

就这样，孩子们在充实的教育过程中茁壮成长，度过了小学生活。但小学毕业之后，孩子们将被送进中学。巴学园的毕业生如果没有地方接受，问题可就大了。实际上，每个学生都升入了适合自己能力的都立中学（旧制）和私立名校。据说宗作老师经常邀请孩子们心仪的中学的校长来学校参观，寻求他们的理解，目的就是为了让他们了解自己学校的教育方针和孩子们的成长情况。同时，为了培养保育员、普及体态律动教育，宗作老师在全国各地巡回举办讲习会，坚持宣传幼儿教育重要性的活动。

儿子的教育

大正民主之花凋落，第一次世界大战的景气也刹那间突然转化成了昭和初期的经济大萧条，社会的不稳定性日益增加，法西斯主义与军国主义渐次得势。昭和六年（1931年）"九一八事变"爆发，至第二次世界大战结束的十五年期间，日本进入了战争时代。恰在这个时期，宗作老师的独生子金子巴先生成长起来，进入了青春期。他的小学、中学都是在父亲所在的成城学园上的。在从中学再向上升学的时候，巴先生隐约感受到了父亲的意向，觉得父亲想让他也搞体态律动教育，走上教育工作者的道路，接自己的班。

当时太平洋战争正酣，战局日益扩大，整个日本被抹上了清一色的战争色彩。这个时代的教育，鼓吹的是男子都要上战场为国捐躯，此乃最高荣誉。所以，哪家的儿子都不愿继承父业。然而面对死亡的巴先生却认为，横竖是个死，不如趁现在孝敬一下父母岂不更好，于是如父亲所鼓励，进了东京高等师范学校体育系。为什么要进"体育系"呢？我想，这充分体现了宗作老师寄托在儿子身上的梦想和爱。

金子巴的话

……父亲让我进体育系的原因可想出两个。一个是让我先学好体育后再学音乐。原因是父亲认为，就算我拼命搞体态律动教育，都会被体育工作者和音乐工作者当成不伦不类的课程，因为在当时的教育界，体态律动教育在体育工作者看来更接近音乐，在音乐工作中看来更接近体育。说到这里，我想，在当时学校的行政方面，高等师范学校毕业的人还是拥有强大力量的。尤其在法国教育界，类似日本的高等师范学校的毕业生，似乎实力相当强大。我想父亲就是因为这个才聚焦"高等师范学校体育系"的。大概是想让我正式接受体育和音乐的正规教育吧。

……

就这样，巴先生于昭和十九年（1944年）进了东京高等师范学校。原以为一毕业就会穿上海军军官军服，没承想战争转瞬之间就在巴先生上二年级的时候结束了。

可能时间前后有所穿插，但还是想在此简单地介绍一下巴先生迄今的生平。巴先生正视与父亲宗作老师完全不同的自己，一直想走自己的路，但心里也始终想着父亲。他的整个青春，就是这样度过的。巴先生这半生，仿佛让人看到了宗作老师在儿子身上的投影。

金子巴先生生于大正十五年（1926年）五月五日端午节这一天。这年宗作老师三十三岁。"巴（TOMOE）"这个名字，取自由两个"巴纹"构成的达尔克罗兹的徽标，意思是身心两个方面的和谐。宗作老师还给自己的学校和幼儿园也取名为"巴"这个名字，并把这个徽标挂在了校舍上。

巴先生小时候的情况，作为父亲的观察记录被宗作老师写进了昭和七年（1932年）的小论文中。此外再无关于他儿童时代的记录。

战后，即将从高等师范学校毕业的巴先生对毕业后当女子学校的老师没有多大兴趣，也不用再担心因为战争丢掉性命，心里就开始琢磨干一些自己想干的事情。可是就在此时，许多军人陆续从战场上复员回来，整个日本陷入了有上顿没下顿的粮荒之中。当时，自由之丘也有很多从战场撤回来的流氓无赖。据说有个男的提出了一个无理要求，说："建巴学园的那块地是我从奶奶那里继承下来的土地，你们立即滚出去！"闹得宗作老师也束手无策。听说当时是家住附近的儿玉誉士男说服了这个人，让他道歉收手的。据巴先生说，他记得当时父亲还拿着礼物去儿玉家登门道谢来着。巴先生已经渐渐成人，不论是这次事件，还是昭和十三年（1938年）那次事件，都因为父亲不懂法律而吃尽了苦头，损失了钱财。巴先生目睹了每次遇到这种事情父亲不得不到处求人的情形，心生厌恶，下定决心："好吧！我就学法律！"

于是，高等师范学校毕业后，巴先生考上了东北大学法学系，去了仙台。没想到壮志难酬，学上了一半得了胸部疾病，进了疗养所。在几进几出疗养所的生活中，他知道回东北大学体力上已经不可能了，于是退学，在东京考了中央大学、庆应大学的法学系，继续学习法律。但因体力一直未能恢复，不得不再次退学。医生说，还得再过三四年的学生生活，什么都别想，轻轻松松随便学点就行，否则病治不好。因此，巴先生不得不重新思考"自己该做什么"。

巴先生叙述道："……这个时候，父亲没有任何要求，让我做这做那，任由我按自己想法做……"就在这个时候，他产生了一个强烈的念头："自己真的还是想搞音乐！"他从小就喜欢弹钢琴，拉大提琴，是在周遭全是音乐的环境中长大的，所以产生真想学音乐的念头，也许是当然的归结。但是学习音乐非常需要体力。弹钢琴、拉大提琴、唱歌都对胸部不好。于是，他想到了打定音鼓，开始练打击乐器。从那时起，诸如链霉素等对结核病非常有效的抗生素类药物相继面世，他的体力也逐渐恢复了过来。走了很长的弯路，巴先生终于在昭和二十九年（1954年）考进了东京艺术大学音乐学部器乐学系打击乐器专业。

结果还是按照父亲的想法走上了先学体育后学音乐这条路。完成了两种学习后，巴先生如是说：

巴先生的话

……年轻时看着父亲的生活方式和教育方法，我总像个能够独当一面的人似的提出批评，说父亲的做法不行，等等。尤其是，高等师范学校这种地方是培养教育专家的学校，所以当时在我眼里，父亲所做的每一件事都是自以为是、效率低下的。我自命已经是一个能够独当一面的教育家了，对父亲说三道四。

譬如我对父亲说"这么搞才招不到学生呢"之类的话时，父亲总是说："现在招得到招不到学生这种眼前事不要去说。教育必须向前看！"他还说："教育不是一朝一夕就能完成的。要向前看，看到二十年以后。看到了二十年以后再搞教育！"大概父亲就是在这个意义上想把我培养成教育工作者的。

我进了东京高等师范学校（现筑波大学）后，自以为好歹已经加入了合格的教育工作者行列，经常批评父亲的教育方法。每到这时，父亲就会说："你说这话还太早！你得朝前看！没有比教育更了不起的事业了。教育本来就是自由的，绝对没有任何束缚。学校是为学生开办的，不是为老师。教育是最自由的。"这话父亲一年到头都在说。我觉得，对父亲而言尤其没有必要把"自由"挂在嘴上。战争时期也好，战后民主主义时期也罢，对孩子的教育完全没有任何变化。父亲有一种坚定的意志，认为教育孩子与战争没有任何关系。

《窗边的小豆豆》已经写成，人们经常说起"巴学园是一所自由主义教育的学校""巴学园能够在那个时代生存下来是个奇迹，像梦一样"。然而，巴学园从来没有把自由主义这个词语当成旗号。学校所在地碰巧在自由之丘这个地方，好像格外容易产生误解。如今，我感到自己非常能理解父亲的这些话和他让我搞体育和音乐的真意了。

昭和三十年（1955年）从东京艺术大学毕业后，巴先生先后在日本爱乐交响乐团、东京爱乐交响乐团的管弦乐队当打击乐器演奏员，坚持从事音乐活动。昭和四十四年（1969年）昭和音乐短期大学开学，与此同时，巴先生担任该校打击乐器学系教师，负责指导新一代。到昭和五十八年（1983年）辞职为止，他坚持教育工作十四年。正好在此期间，钢琴风靡全日本，几乎家家户户都让孩子去练钢琴，出现了钢琴热。那时代，全国各地乐器公司的音乐教室人满为患，只要是音乐学校毕业生，毕业第二天就有学生来学琴，女孩子年纪轻轻就能得到可观的收入。然而，也是这个时代，无处不在的钢琴声被指责为噪声，引发社会风波，反倒转化成了社会问题。

就在这个时候，长期的定音鼓演奏，促使巴先生完成了一项重大发明。

定音鼓可以在管弦乐队后排打出震耳欲聋的声音，是一种令人神往的乐器，喜欢管弦乐的人谁都想亲手敲打一下。定音鼓的结构有好几种，乍看上去就有鼓身直接固定在鼓架脚部和鼓身悬吊在鼓架的两种不同形态的。巴先生发现，这两种定音鼓在声音的传播方式上完全不同。鼓身直接固定在鼓架脚部的定音鼓传到地面上的音量，远比鼓身悬吊在鼓架上的定音鼓多得多。振动体直接连着地面，理所当然就是这样。这就意味着摆放在地面上的乐器，声音从脚部传至地面，把地板下方的空间当成共鸣体，发出隆隆声。当然，这并不是全部。巴先生还发现，定音鼓传到外部的音量，一大半都是从脚部传出来的。他由此而想到，钢琴声已经被指责为噪声、钢琴公害，要想不让钢琴声传到外面，只要像悬吊的定音鼓那样，让钢琴脚处在悬吊状态就行了。把钢琴的琴身悬吊起来非常困难。巴先生就从此处入手开始拼命努力。经过反复研究，他终于发明了一种产品，取名"钢琴脚垫"，获得了专利。这款产品是一种使用内部结构特殊的硬橡胶制成的钢琴脚垫片（可称为隔音垫片），既可以避免琴声直接传入地面，同时还可以阻断因地面材质而产生的声音，使钢琴乐器本身的音色得到更充分的发挥，一举两得。

恰在这个时候发生了一起因钢琴噪音而起的杀人案，钢琴噪音成了巨大的社会问题。报纸上发表了一篇投稿，说使用这款钢琴脚垫能够防止琴声外泄。后来电视上也做了介绍，百货公司也做了产品展示，这款产品作为阻止钢琴声音外泄的隔音垫片便逐渐地普及开来。与此同时，巴先生还发明了一种材料，可以更加简便地实现室内吸音，创造出了一种无须改造房屋整体即可防音的简易方法。

这些发明不知拯救了多少我们这些从事音乐工作的人。尤其用在公寓等噪音大隔音差的房间里非常有效。上一层楼的声音几乎传不到下一层楼。

巴先生一边在大学当老师，一边埋头研究，还在自家附近的幼儿园、大学附近的幼儿园教缠着他的孩子们玩打击乐器。看到他热衷于此的情景，一种感觉油然产生，仿佛他们父子俩的身影重合在了一起。莫非宗作老师也是这个样子？

巴学园集体疏散与日本战败

昭和十九年（1944年）十一月起，B29每天都从塞班岛飞来轰炸日本本土。与战争教育隔绝的巴学园，再也无法笃悠悠地专心搞体态律动教学了。这一年，神风特别攻击队开始出征，阵亡者也日渐增多，学童也都要被强制集体疏散，巴学园也集体疏散了。碰巧金子家族在群马县吾妻郡的房子空着，学园就疏散到那里去了。当时，有的孩子个人疏散了，有的老师也离开了学园。总之，转移到群马县的老师和学生总共有三十多人。

但昭和十七年（1942年）在自由之丘创办的厚生保育员培养所还在，宗作老师不得不在群马与东京之间来回奔波。当时厚生保育员培养所的所长由公职人员担任，但实际的教学则是由主事宗作老师负责。旧时的保育所类似于福利机构，但从这个时期开始，这样的状况已经维持不下去了，于是保育员也开始和幼儿园的老师一样，被当作正规的老师进行教育培养了。

这座保育员培养所的毕业生好像也帮过已经疏散的巴学园。巴先生此时还在上高等师范学校，就留在了东京。

昭和二十年（1945年）三月十日，东京老城区一带被130

架 B29 炸成了灰烬。接着四月十五日到十六日，自由之丘和巴学园通通被烧毁了。五月二十三日、二十五日，B29 更是把东京炸成了一座死城。军需工厂也资材见底，什么都造不出来了。唯有"本土决战"的口号伴着竹枪在空中虚无地挥舞。粮食也断了，通勤的电车玻璃窗全部钉上了木板。像寿司一样排列整齐的车厢座椅全被拆掉，乘客都是站着乘车。B29 的轰炸转而瞄准地方城市去了。京滨地区已经片瓦无存，人们却还在饿着肚子为不会再来的轰炸挖防空洞。巴先生也借口巴学园校舍已被炸毁，需要帮忙而躲过了征兵，去了疏散地群马县。

金子巴先生的话

……疏散时我第一次去了父亲的老家。父亲家大概属于中等农户。马厩里有马，屋前有小河流淌，是个非常恬静的地方。我想，父亲是在这样的自然环境下长大的，所以后来在成城盖房子的时候，也把房子建在了河边，从河中引来河水造了水池，放养了鲤鱼。

巴学园疏散时，开垦团已经进了榛名山的后山。那个时代，开垦出来的地方大概全部归自己所有。他们说如果用于学校，可以把地送给巴学园。我就跟着父亲一起进了山，目的是先把用哪块地定下来。途中被请到了烧炭小屋喝茶，在这里听说了一些山里的情况，便继续爬山。这时，我们发现一个地方，里面有个水塘，清水汩汩涌出，眺望四周，一览无遗。

"哎，小巴！这里的景色跟我在瑞士看到的一模一样啊！把这里当作根据地吧！"

就这样，我们申请了这块地。

打那以后，我们就经常带着孩子们扛着铁锹和镰刀，嬉闹着上山。

"好！现在开始烧枯草，然后把烧过的地方的火全部灭掉！"父亲一声令下，火苗四处燃起。枯草烧完了，孩子们就一边玩耍一边灭火。再把不知从哪里弄的荞麦种子一把把播撒在这里。

第二天干掉前面一片地，再往后干掉对面一片地，那块土地相当大。说是开垦，也就是在烧过荒的地里播撒荞麦种子而已，是一种极其原始的烧荒农业。

荞麦播下种去就能充分生长，所以结完果实大家就去收割，送到山下水车磨坊，请他们加工成荞麦粉。收成吃不完，疏散来的孩子们撑了一肚子荞麦。用荞麦做饭菜，只要有开水和酱油，就可以做成烫面荞麦饼，吃起来很简单，一直吃到了战争结束。当然，我们不是光靠荞麦活下来的，糖、油也很多。我觉得群马人就是点子多，可以从蜂蜜中获取糖分，只要懂得养蜂方法，不用人手，蜜蜂也会自己制造糖分，所以，真是帮了大忙。还捡来许多核桃，用臼杵研磨可榨出核桃油。营养就这样得到了补充。父亲一直在说，战争打败了，吃饭就会成问题，所以我想，他最先考虑的就是如何确保粮食。只要在农村，就不会饿肚子，所以战争结束后，最好也不要离开群马……这事，他好像考虑了两三个月……

实践自己心中理想的教育以来，仅仅七年，昭和二十年（1945年）四月十五日，巴学园校舍在空袭中被烧成了废墟。学校本身在群马继续办学，但设在同一校园里的厚生保育员培养所却仍在东京。学校不能关闭，东京都政府推荐使用位于王子[1]邻保馆旁的空建筑。所以重新开学只有保育员培养所。然而，战争时期来培养所上学的田园调布及其附近的女孩子们，说起来都是躲避兵役才来的，所以专程前往王子上学的只有极少数人。实际上，培养所只靠四五个学生维持着。

巴学园也是在这样的状况下迎来了战败。

————————

1. 王子，东京北区町名。

访宗作老师夫妇出生地

从昭和五十九年（1984 年）四月二十日起，我和金子巴先生访问了宗作老师夫妇的出生地。巴先生也是访问了久违的故里，所以我们两人就像远足时的小学生，兴高采烈地驱车出发了。那是个阴天，雨一直下到前一天才停。车驶入中央高速的甲府一带，天彻底放晴了。南阿尔卑斯、八岳，群山覆雪，高高耸立，直刺雨后蓝天。行程是事先商量好的，先去访问巴先生母亲的出生地长野县伊那郡高远町。高远是南信州第一樱花名胜之地，赏樱季节要实行交通管制，为了安全，我们避开了周末，选择在樱花盛开之前成行。那年，我们听到的消息是春暖乍寒，花期推迟，刚刚绽放三成。可是到了地方一看，满树花蕾状态，根本不是赏花时节。不过，当时的信州已是桃花、杏花、梅花恣意绽放，在披云戴雪的山峦映衬下，美到了极致。

宗作老师夫人的娘家是曹洞宗的峰山寺，建在高远町东边的山上。如今，寺庙里已没有常驻住持。不过，蒲觉堂（夫人的父亲）长子的女儿根津幸江女士（金子巴先生的表姐）就住在附近。寺庙就由施主们和根津女士守护着。说是施主，也只三十来户而已，寺庙的维持十分艰难。当然，需要和尚的时候，听说可以从近郊有教缘的寺庙请住持过来。

根津家与蒲家的关系，据说是根津家三姐妹中的三女儿嫁给了蒲觉堂（金子巴先生生母的祖母），她与觉堂生下的长子又到根津家当了养子。

金刚山峰山寺是文觉上人创建的寺庙。文觉上人是净琉璃、歌舞伎的著名戏中人物，是误杀袈裟御前 [1] 后出家的。故事发生在距今八百二十年前后。据说源赖朝把这座寺庙与成田山、京都的高雄山一起列为日本三大灵场，作为官方的祈愿寺庙。这座寺庙里，供奉着文觉上人在残暴行为发生后，一刀三礼雕刻而成的不动尊，数度经历战火而幸存，一直传至今日。参禅道场是新建的，并建有雄伟的大殿。听说以前曾七堂伽蓝并列，现在保留下钟楼等四栋伽蓝。从寺庙境内可以远眺高远城遗迹公园和整个高远城，是一个景色秀丽之地。

这里还完好地留有高远城城主鸟居正忠公的墓，但已经很少有人知道金子巴先生母亲的生父——第二十三世觉堂和尚，所以我们没能更多地了解到觉堂和尚因生产鱼石脂膏药而发财轶事。但他一边当住持一边积累财富，作为杰出人物，在这僻远人稀的山乡，一直传颂至今。

---

1. 袈裟御前，平安时代末期传说中的女子，是警卫皇宫的武士源渡之妻，被丈夫的同僚远藤盛远（文觉出家前的俗名）所爱慕，最终替夫舍身被杀。

巴先生请我美美地饱餐了一顿早晨刚采来烤制的香菇和山上采来用甜味噌煮制的"款冬花薹"。在高远町待了约三小时，我们才离开。

我们上旧中仙道，进轻井泽，过浅间川，沿吾妻溪谷下行，前往位于群马县吾妻郡吾妻町岩下的宗作老师养父母家——金子家，晚上七点三十分，天全黑下来后才到。

我们没有决定在哪里住宿。巴学园昭和十九年（1944年）全员疏散到这里时，曾租借了一家旅馆给家长和老师们当宿舍。据巴先生说，那家旅馆仍在营业。于是我们决定，如果还开业，就去那里住。过国铁吾妻线岩岛站（无人检票站）后不久就进了吾妻町大字岩下，一下就找到了当时的福田旅馆。

"会让不速之客留宿吗？"我们惴惴不安地询问情况。旅馆老板娘一开始有点为难的样子，突然听说"是巴学园的人"，十分惊讶。原来就在前一天，巴先生给金子良平先生家里打了电话，告诉他说不定哪天就会去他家。于是，良平的夫人就预约了福田旅馆。我们两人松了口气，觉得晚餐有了着落，心里一块石头落了地。

《窗边的小豆豆》描述过一场"茶话会"，里面提到的应征入伍离开巴学园的"阿良"就是金子良平先生。北斗七星横亘头顶，夜空群星闪烁，这么大的北斗星，在东京是绝对看不到的。我们就在星空下的国道上，见到了金子良平先生。

我和巴先生在旅馆吃完晚饭后去良平先生家拜访。晚上九点多了，我们走漆黑的国道步行去的。到他家的时候家里没人。良平夫妇得知我们到达旅馆后便去旅馆找我们，正好两下走岔，在国道上碰到了。

福田旅馆、周边的一切，都是巴先生的怀旧之地。据说巴学园疏散期间，他多次往返于东京和群马之间，做了很多联络工作。宗作老师非常中意离疏散地稍远的榛名山开垦地，都到了如果可能就一直在那里生活下去的程度，所以战后他也在那里逗留一段时间。为此，巴先生经常跟宗作老师一道坐巴士去嬬恋村采购土豆，有很多难忘的记忆。听说当时彻底断了粮，但跟宗作老师一起住在长野原的旅馆里的时候，却能吃饱白米饭。听到当时竟能饱吃白米饭，就连我这辈毫不相干的人都感到羡慕之至。

总之良平先生夫妇和我们俩一共四人，又回到了福田旅馆，叙旧畅谈，有说不完的回忆，一直聊到深夜。巴先生和良平夫妇的记忆之间有吃不准的地方，他们都会搜肠刮肚地回忆，给我确切的说法。

金子良平先生是宗作老师的长兄小林吉五郎的儿子，所以与金子巴先生是堂兄弟。良平先生的夫人是宗作老师二姐志羽的女儿，所以他们夫妇也是表兄妹。他们三人是堂表兄弟姐妹关系，小时候的很多事情都发生在各方面相同的人际关系之中，所以，关于宗作老师的情况，他们没能聊出比以前我从巴先生那里听到的更多的往事。原因是，宗作老师虽然进金子家当了养子，却没有在岩下实际生活过，而且年满十四岁的时候，就离开吾妻町去了下仁田。实际上，直到《窗边的小豆豆》成书并爆发式地广为阅读之前，这里只是一个僻静的山村，像前面说过的那样，是一个以蒟蒻为主要作物的名不见经传的村庄。而且岩下及周边地区还是一个典型的僻远人稀之地，人口三千左右，听说每年都有四五十个年轻人去大城市，而且一去不回。我想，由于"小豆豆"热突起，为金子家守家的良平夫妇因这里是小林宗作老师的故乡而付出了种种辛劳。

翌日清晨打开窗户槅扇，连绵的群山跃入眼帘。我切身感到，如果周围没有水田，养蚕再不兴旺，这里的人口肯定愈发稀少下去。在一块狭窄的平地上有一个狭窄的塑料大棚，里面种植着草莓。据说其他作物还能收获到现在所谓的"独活"。

说说我自己。战争期间和战后，我把院子耕耘了一下，种上了秧苗，收获了草莓。那草莓粒小而酸。但是草莓芯鲜红，日照的味道满满，吃到嘴里蔓延开来，令人难忘。所以，我觉得如今的大棚草莓不行，总不够味儿。可是，外形不美，个头不大，参差不齐，草莓就卖不出去。到底怎么了？！如果全日本都吃形状千篇一律味道一模一样的人工栽培草莓，也会让人莫名地感到可怕。最近，番茄、黄瓜全年都有，形状和味道也都一样。这么下去，人是不是也会变成一模一样的呢？千万不能把科学用于制造"同型人"！然而，我看到就连这山区里都遍地建起了温室大棚时，就像看到了日本的未来，委实悲哀。

早饭后我们去了金子家。战争期间巴学园的孩子们疏散时就住在这里。我们还到金子家的墓地扫了墓。听说至今仍时有巴学园的人来到这里，下榻福田旅馆，在山上走走。墓地的下方流淌着美丽的吾妻川。阵出桥战争期间曾是一座大吊桥，现在也已鸟枪换炮，变成了一座用通红桥梁撑起来的现代化桥梁。巴先生以为还是吊桥，几次说到过宗作老师的出生地大竹地区得步行去，否则去不成。看到这里已经建成了漂亮的公路，他感到很惊讶。

我们沿这条路步行进山，首先拜访了居住在根古屋地区的水出家。这里是宗作老师二姐志羽出嫁的地方。巴先生说，宗作老师常说起他"受到志羽姐姐很多照顾"。水出家的后山风景秀丽，有吾妻町的历史遗迹根古屋百庚申冢，山坡上星罗棋布地立着数不清的庚申像和庚申塔。

现在，志羽的孙女水出惠久住在那里，从事建筑设计的工作。

之后，我们绕山转了一圈，终于来到了小林治策家所在的大竹地区。这里是小林宗作老师的老家。爬到陡峭的坡顶，那里有一座小小的观音堂，一面鲤鱼旗在空中飘扬，一条小溪川流其间。沿河边向上攀行，出现了几幢房子。途中我们下车，沿着河边向右过桥，尽头就是小林家。这是一座很大的二层房屋，据说二楼是养蚕用的房间。巴先生和良平夫妇望着那令人怀想的泥地房间、起居间黑亮结实的房梁、窗户板，兴奋地聊着小时候的情形。他俩小时候，道路还不是现在这个样子，来这里要翻山走上好几个小时。尤其是良平先生，他说小时候去金子家当了养子后，有一次耐不住寂寞，就一个人翻山跑到大竹来，玩了一会儿才回去。这是瞒着养母干的，却不料过了两三天，养母竟会问起："去大竹了吧。"她是怎么知道的？良平一个孩子家，心里很是纳闷。那天，治策的儿子阿永下地去了，没能见到。但今天看到良平跑到山那边去找他的身影，一点也不像一个古稀之人。看到他身轻如燕，行动有力，我深深地感到，对巴学园的孩子们来说，他就是最值得依靠的校工啊！看到这种情形，我深深地感到敬佩。良平先生说："如今我已经明白，但年轻时自己就是不能理解宗作叔父对我说的各种话，如干园艺务必彻底、要跟孩子们在一起，等等。还一个劲地想，他为什么要那么说。但叔叔要我做的事情我拼命做了下来。如今，这件件桩桩都在以各种形式发挥着作用……"这些话令我印象深刻。

据说宗作老师经常在家门前的小河边练习指挥。而今，"小河"（大竹川）已经完成了护岸工程，从前长在河边的树一棵也没有了，真是面目全非了。但宗作老师少年时代每天眺望的景色至今依然未变，远可眺望榛名山，近可看到村庄群山环绕，一派沉寂温暖的景象。这种静谧不可名状，偶尔传来拖拉机的声音，甚至让人产生空袭来临的错觉。

巴先生和我两个人沿着河边一步一步地逆流而上，发现有一处小小的瀑布，护岸工程也在这里断掉。金子先生在遐想：当时的小河是这样的吗？就连我这个与伟大教育家小林宗作老师一面之缘都没有的人，来到宗作老师曾经度过少年时光的这片故土，心里都会怦怦然感慨。我体会不出宗作老师的儿子巴先生心中又是怎样一番思绪。两个人就这样默默地走着。

后来，巴先生说："开垦地里的沼泽不见了，家门口那条小河的风景全变了，特别遗憾！"这也都是时代的潮流，无可奈何吗？听说小河发过一次洪灾，就搞了彻底的护岸工程。尽管这样，河边成排的树木一棵都没有了，又是怎么回事呢？

不过，亲眼得见宗作老师的老家如今尚在，小林永先生至今孜孜矻矻地务农，我心中怀着强烈的感慨，踏上了归途。我痛切地感到，在那深山之地专心务农，不知要付出多少艰辛啊。然而决不改行坚持从事农业，这对日本的未来极为重要。

我们决定到巴学园疏散到当地后开垦的山上去一趟，就和良平先生一起三人驱车上了国道。但沿途已经旧貌换新颜，我们竟没有找到登山的路口。无奈之下，我们停车向眼前一家木材店老板问路。没想到这位老板叫一场长治，竟然是宗作老师的远房亲戚，还记得当时学园疏散的事情。他当即放下了手上的活计，跟我们同行，为我们带路。我们沿着满是岩石的山路颠簸攀行，朝榛名山的后山开去。大约行驶了五公里，突然碰上了一条宽敞的正在建设中的大路。据说是在建榛名山环山旅游公路。公路两侧是宽阔的台地，上面是农田。行驶了不一会儿，有一座刚落成的桥，非常漂亮。这时，巴先生叫了起来："也许是这里。不！就是这里，是这里！"我们下了车，登上了台地。

缓缓的坡面全是田地，好像是休耕地，长满了野草。稍往下去，两户开垦者的住家依峡谷而建。这里的孩子们去哪儿上学呢？是不是每天都要走七八公里到山下的学校去上学呢？台地建满了塑料大棚，据说栽培的也是草莓，其他就是蔬菜和蒟蒻。

巴先生一会儿上台地，一会儿下台地，努力回忆四十年前的往事。这就是父亲带着孩子们一起爬上山来，在台地上点燃枯草，又一起嬉闹着灭火的地方，就是大伙一起收割结实荞麦的田地。然而，让宗作老师说出"哎，小巴，这里的景色跟我在瑞士看到的一模一样"的话来，让宗作老师欣喜不已的清水汩汩喷涌的池塘，已经不复存在了。

宽敞的环山旅游公路建成后，这里很快就会建起餐厅，土特产礼品店就会鳞次栉比，游客们就会驱车蜂拥而至……想到这里，不禁感慨："……啊，宗作老师战后没有留在这里，也许倒是对了……"我心里想着这些，下得山来。

第四章

战后的巴学园

究竟要不要留在美丽的榛名山里，连宗作老师都犹豫了。大概是被迫不及待想早日回到东京的儿子小巴拖着的缘故，他于战后两三个月的时候返回了东京。所幸王子的邻保馆没有被烧掉，侥幸残存，又被告知"请您使用"，宗作老师便与儿子小巴和已经开始在武藏野音乐学校上学的妹妹美青三个人移居到了这里。小巴也回到了高等师范。夫人和两个女儿，滞留在疏散地，一直到第二年。

第二年，即昭和二十一年（1946年），宗作老师觉得居所必须设法解决，便用配给的建筑材料在自由之丘的焚后废墟上建造了住宅，同时恢复了幼儿园。但那是战后物资最为匮乏的时候，建不起太好的房子。

"嘿，小巴啊，以后办个什么样的学校呢？"看着燃烧殆尽的巴学园，宗作老师曾经描绘过激情燃烧的梦想。可是现在，他所处的环境又怎样呢？校舍烧毁，在疏散地历尽辛劳，又在战败后饱尝辛酸……全日本谁都一样，能够生存下去就很不容易了，没有人知道日本会向何处去……

"唉！小巴，小学就不办了吧……"宗作老师已经精疲力竭了。

留下来的小学生纷纷转学了。

但没多久，厚生保育员培养所就从王子搬了回来，幼儿园也来了孩子，这样一来就需要有园舍了。于是，宗作老师首先把放在九品佛农场的电车车厢运来，把幼儿园搬了进去，又去群马县的深山里伐来木材，紧急建起了礼堂。但搞建筑物多有不便，而车厢既实用又能解当务之急。宗作老师再次前往东急提出了请求，但废车厢已经没有了。东急告诉他，可以向国铁打听一下试试。宗作老师便带着小巴去了位于品川区大井町的国铁工厂。

金子巴的话

……我们去了大井町的工厂。那时，佐藤荣作先生还是一位年轻的部长。父亲说了很多，说着说着，佐藤荣作先生就对教育表现出了很大兴趣。话题就谈到了体态律动教学和达尔克罗兹，佐藤先生就问，体态律动教学是一种什么样的教育，父亲解释道："这是一种以身心和谐为目的的教育。"这时，佐藤先生反复说了好几次："和谐啊，和谐这个词非常好！"日后，他当上了总理大臣，在演讲中用了"宽容与和谐"的说法。我甚至认为，这个说法就源自当时的谈话。最后他把废车厢送给了我们，说只要我们承担运费，要哪节他就给我们哪节。当时他带我们看了废车厢，里面有明治天皇专列等各种各样的车厢。我是第一次见到天皇专列，车身锃亮，地面铺的是整张榉树板，有豪华的沙发，漂亮的吧台，摆放着极尽奢华的陈列柜等，还有瞭望台，整个车厢极尽奢华。可是当时恰逢国铁劳动运动如火如荼，红旗飘满整个工厂，等我们第二次去的时候，天皇专列已经被毁坏得乱七八糟了，说它是帝国主义的象征。

幼儿园要来的车厢中有一节是战争中使用的军官医院车厢，结构非常有趣。为了让担架直接上车，车厢中间向左右开得很大，旁边是两张床，后部是厕所和盥洗室，前部是医生室。我用的是军官专用包厢，床我也直接用了。

厕所也非常好。天棚里面有一个大水箱，还有一根链子，是抽水马桶。我们要来了这节车厢和另两节普通车厢，在烧后废墟上开始了新的生活。

我有时也会搭把手帮一下幼儿园。我想以我的方式——用高等师范的做派——接触一下教育，但老师们说："用你那方法搞不成幼儿园教育！"于是才三个月左右，我就被赶了出来。我总是颐指气使地命令别人做一周课程表、月度教育计划。现在看来，幼儿园的教育，都是根据当天的情况即兴搞的。而我却年轻气盛之极，生搬硬套搬在学校学的那一套，活该被赶出来。拼命干的，都是父亲培养出来的年轻老师。

也许是战后婴儿潮的原因，幼儿园一年比一年火，奉行少数教育主义的巴幼儿园，也曾有过七十名孩子。

随着在国立音乐大学那边越来越忙，宗作老师在自由之丘的时间越来越少，巴幼儿园都是靠年轻老师们运营下来的。

国立音乐大学时代

在中央线国立站南口下车向西约五分钟，沿铁路的左拐角上，有一座钢筋混凝土建造的幼儿园，非常漂亮。门牌上写着"国立音乐大学附属幼儿园"。这里改建成混凝土建筑物，还是几年前的事。而昭和二十五年（1950年）六月最早在这块地方创办幼儿园的正是小林宗作老师。

前几天我跟国立音乐大学的小林惠子老师访问了这座幼儿园。那天下着雨，院子里看不见兴奋玩耍的孩子们。我们观摩了吉原节子老师的体态律动课，拜会了主事大场里子老师，度过了非常愉快的时光。当时发给我的《幼儿园指南》上这样写道：

幼儿园之创立

昭和二十五年六月起，由

园长：小林宗作先生

理事长：中馆耕藏先生

主任：草野京先生

于现在的场所以"国立音乐大学国立幼儿园"之名称

开始保育工作。

该大学有保育系，作为学生的实习机构，且国立市[1]并无幼儿园类设施，国立幼儿园之创立备受期待。

小林宗作先生（1895—1963）

日本首位将体态律动教学引入幼儿教育并普及开来的教育实践家。他提倡音乐教育的重点在于幼儿期，倡导以幼儿自身活动为中心的综合节奏教育，形成了今日体态律动教育的基础。他创立了成城幼儿园、巴小学、巴幼儿园，曾历任厚生保育员培养所主事，战后在国立音乐大学从事体态律动教学，兼任幼儿园（以及附属小学、附属初中、附属高中）教喻[2]培养所所长，作为本幼儿园草创期的园长任职十三年。先生的理念至今仍被广泛应用于保育界。

中馆耕藏先生（1895—1982）

于大正十五年创立东京高等音乐学院（国立音乐大学

---

1. 国立市，日本东京都的一个城市：位于东京都中西部，以大学城住宅区密集而闻名。
2. 依据《日本教育职员资格法》取得普通资格证书，且在小学、初中、高中盲人学校、聋哑学校、养护学校、幼儿园等从事学校教育的人员，均为正式教员，名之为教喻。

的前身[1]），后设附属高中、附属初中。

在创建幼儿园方面，他是小林宗作先生的亲密好友，深刻理解幼儿教育的核心支撑——体态律动教学不可或缺，为协助小林宗作先生实践教育理念不遗余力。

先生在创建幼儿园三年之后又设立了附属小学，至此达成了从幼儿园到大学贯通教育的理想。后为贯通教育扩充设施大踏步迈进。在经营学校方面，先生本领拔群，力量强大，担任学校法人、国立音乐大学理事长，完成了从基础到今日的构建，厥功甚伟。（下略）

中馆耕藏先生是宗作老师在群马县下仁田小学当老师时见过并给予宗作老师前往东京学习音乐巨大契机的人物。

幼儿园的大场老师曾告诉过我：

……战后不久，国立这座城市是座比较革新的城市，充满了新的风气，但很贫困。这个地方很利于妈妈们参加工作，但却没有幼儿园，对膝下有适龄幼儿的家长不很友好。为此，时任教育委员会委员长的早坂礼吾先生（现任

---

1. 关于"国立音乐大学"的前身，本书提到两个校名，分别是"国立音乐学校"（p23）和"东京高等音乐学院"（本页），这和"东京国立大学"的历史沿革有关。大正十五年（1926年）中馆耕藏创立"东京高等音乐学院"，校址在东京都四谷，后迁到东京都国立，1947年更名为"国立音乐学校"。——编者注

宫城学院院长）造访中馆先生，商量能否请他在国立音乐大学里设立幼儿园。中馆先生当时不是那么有钱，但他一直抱有从幼儿园到大学搞贯通教育的理想，便答应说那就干吧。这当然是因为中馆先生的心里，有一位优秀的教育家小林宗作可以实现这个目标。于是，招来了第一位教师——女园长草野京老师，建起了新的园舍，搞体态律动教学的幼儿园就此起步。我进来的时候还有大片自然生态，散步的去处有很多，是一个非常好的地方。现在，已经全成房子了。……中馆先生对体态律动教学非常理解，而且非常信赖小林宗作老师，所以，小林老师说什么他都会听。只要小林老师说"需要"，他都会拿出资金来，毫无二话。

对了，对了，听说小林老师接受园长职务的时候，提出了三个条件。第一个是经营赤字也行吗？第二个是附近评价不佳也行吗？第三个我实在想不起来了。有谁还记得吗？我想，总之他的意思是说，小气巴拉地吝啬钱是干不成大事的。第二就是他搞保育是以散步、玩耍为主的，也许妈妈们会认为这"是一所什么都不教的幼儿园"，从而降低评价。然而这些都没有发生，就连府中、立川等很远地方的孩子都来上我们的幼儿园了。

我本人在进国立音大上小林老师的体态律动课之前，接受的就是极为普通的音乐教育，自从邂逅小林老师后，每个小时都是惊喜，感动不断，简直就是把以前所受的教育全部恢复成白纸后重新来过一遍。但在我们学生看来，感觉他就像一位和蔼的老伯伯。进幼儿园工作后，有一天，说是今天园长要来，老师们个个都突然勤快起来，我才第一次想：啊，原来小林老师是一位严厉的老师吗？……

关于这一点，吉原老师说：

……没那事！当时我已经很害怕很害怕了，一天到晚在想早点辞职。比如，孩子们吵闹不听老师的话，这时宗作老师绝不会去呵斥孩子们，却来斥责我们老师，说："你们为什么不去想怎么做才能让孩子们安静下来呢？！孩子们吵闹是因为教师没本事！"唱歌也是，孩子可劲儿大声唱，宗作老师就会斥责老师，说："扯着嗓子唱出来的声音美吗？！一个教师这都不知道，还能干什么？！总也不研究怎么做才能让孩子唱出好听的声音！"而且他绝不告诉老师这样做就好了、应该那样做。不管什么时候，宗作老师都在训斥我们：自己想！不要学别人的样儿！自己思考，用自己的方法去做！真是个凶巴巴的老师。我那时还年轻，不知道怎样才能做好，一直很痛苦。加上以前那个地方感觉真的就是乡下，所以一想到自己为什么偏要到这种地方的幼儿园来，就伤心得不行。小林老师去世前，我一直想着要辞职来着⋯⋯

吉原节子老师战后在自由之丘的巴学园里从厚生省的厚生保育员培养所毕业，一直在宗作老师身边当巴幼儿园的老师。当然，从宗作老师年轻时就一直当他左膀右臂从事幼儿教育的奥寿仪老师也在这里。她是在国立幼儿园开园的同时从自由之丘转来国立的。宗作老师主张"好幼儿园需要好老师"，尽心尽力地热衷于培养保育员。吉原老师也许就是他最优秀的学生之一。吉原老师连拜厄的初级钢琴练习曲都没有学过。宗作老师首次把帕卡内拉式心理节奏体操法从欧洲带回日本，创造了钢琴速成法。吉原老师就是通过这个方法在课桌上练习的钢琴。

这个方法是集体练习钢琴的独特方法，最初一两年只练动作，不能完全掌握动作，就不让接触钢琴，所以要做各种各样的准备练习。这种方法是在课桌上训练各种手指的动作、脚的动作、腰的动作，以及肩、眼、手腕的动作，直到能够跟着节奏的类型做出即时响应，才可以出声读谱、合唱，逐渐接触钢琴的本质，读懂音乐的心灵。吉原老师说：我就是靠这个方法学会的钢琴，有时还会去参加宗作老师在音乐大学的授课并担任助教。有时宗作老师会拿她当例子，说"她连拜厄的初级钢琴曲都没有练过都能弹得这么好，可你们为什么总是不行呢"，弄得她很不好意思。

宗作老师去世后,吉原老师觉得这下可以辞职了。但就在这一瞬间,作为宗作老师去世后幼儿园教授体态律动最富经验的资深老师,吉原老师被挽留了下来,一直教到今天。

她非常佩服地说:

……老师去世后我知道了自己的不成熟,于是就拼命地学习。起初我只是因为喜欢体操和音乐开始学的,可如今已经能够随心所欲地对孩子们进行体态律动教学了。这一切没有别的,仰仗的都是宗作老师的恩泽,我心里充满感激……

我手头有一篇这样的文章,是悼念为国立音乐大学的创建和发展最为尽力的中馆耕藏先生的。请诸位先读一读。

国立音乐小学的"小豆豆"教育
—— 悼已故中馆耕藏先生
早坂礼吾

已经创办了大学,创办了初中、高中,创办了幼儿园的中馆耕藏先生,有一天对我说:"办一所小学如何?"我当即举双手赞成。中馆先生找别人商量的,都是计划到相当程度的事情。那次以后，新小学的构想就成了经常性的话题。地址打算选在位于中央线北侧斜坡上的松林里，规模不想搞得太大。音乐和外国语教育想从小抓起，让孩子们自然而然地掌握。要培养出感觉很好的孩子。要召集各科目最优秀的人做教师。制服就不做了。这些空想渐渐成熟了。但最困难的经营问题却完全藏在了中馆先生一个人的心里。而他的基础的的确确就是近来因《窗边的小豆豆》一炮打响而光环闪耀的小林宗作先生的自由教育理念。

　　昭和二十八年，小学终于起步了。校舍建在正对着大学街的细长平地上，虽然不是坡面，但巨大的松树就像伞一样罩在屋顶上边。最大限度地利用了废旧材料的房子，外立面却是用中馆先生喜欢的铁平石装修的。每间教室都说不上太高级，但都配有一架钢琴。当时，国立市的公立小学全校配有一架竖式钢琴就很不容易了，所以这里看上去有点与众不同。一开始招到的学生有二十人左右。我虽然是中馆先生商量事情的伙伴，但没有出任何资（？[1]），于是就让妻子过去当英语教师，让长女入学当了一年级学生。入学仪式那天，小山一般的巨人有马大五郎校长兼任了小学校长。他缩着身子说：“我最害怕什么都看得穿的小学孩子了。”他这与众不同的形象和致辞我至今难忘。

我上班前经常会伫立在校门前，看着二十个左右的同学在这小小的学校行早礼。岩田老师是一位经验丰富的主任，他把老师们集合起来，啪啪地拍拍手，刚才还尖叫喧哗的孩子们立即安静下来，沉默思考。在体态律动教室里，孩子们一边把四分音符、二分音符喊作"黑！黑！白——"，一边跳过小林宗作老师摆好的火柴棒，转着圈跑步。大学街还没有铺起来，小学前是一片大水洼，小学饲养的两只鹅，白色的羽毛映照在水面上。

　　近来受到高度关注的"窗边的小豆豆"式教育，在这里现实地存在过。孩子们互相叫着外号，以爱称相称。所以，最近偶尔遇到过去的学生带着比当时的孩子们大一点的孩子散步，竟不知道他们的真名，很是尴尬。不是忘记，是一开始就没去记。

　　教育要搞人数少的教育，这是中馆先生的理想。但要实现这个理想，或接近这个理想，背后的经营事关重大。中馆先生几乎是一个人扛起经营背景的，肯定非常之辛苦，但他完全没有说过一句抱怨的话。

　　巴小学在空袭中被大火烧成了灰烬。我们国立音小的小豆豆式教育因为经济的高速增长而改变了模样。但小豆豆式教育现在正在五百万读者的心里复苏。我想，卓越地成长起来的国立音小教育，也不想忘记出发之日的初心。

　　这位中馆先生走了。说起来，这里描述过的很多老师

也都已不在人世。我们音乐小学就这样镌刻出了三十年的
历史。

——摘自国立音乐大学附属小学、附属幼儿园志

《泉》第三十二号，昭和五十七年（1982年）十二月发行

早坂礼吾先生在位于东北的女子教育圣地仙台市担任拥有
百年历史的宫城学院的院长，就像国立音大一样，是幼儿园、
初中、高中、短期大学、大学五所学校的统帅，非常繁忙。恰
逢春分中间那日，我在仙台他的府上拜会了他。说是他在仙台
的府上，实际上就是他单身赴任的临时居所，他自己的家在国
立。国立市是从位于农村地带的谷保村变而为镇、而为市，跟
大学一道逐渐发展起来的。早坂先生就是伴着这段历史一步一
步走过来的，真正就是国立这所文教城市的活证人。他长期担
任国立市教育委员会委员达十数年之久，在这座人口逐渐增加
的城镇不断地创办小学，建设中学，是在古老农村地带的居民
与新移居而来不断增长的新居民的感情纠葛中奋斗过来的人。
他让自己的三个子女上国立音大附属幼儿园，进附小，还担任
家长教师联合会会长，一直从外部支持国立音大。

他的话很温馨，他那美妙的男低音听了沁人心脾。他淡
泊稳重地聊出来的国立市创建史，跟日本从战后的混乱中站起
来的历史完全同步，听着让人感到心潮澎湃，很是兴奋。很遗
憾，我无法把所听到的内容全部传递给大家，就请听听早坂先

生自称"国立先生"的这一段吧。

  ……我们移居国立，大概是昭和二十五年前后吧。从战场回来，连个住处也没有，说是要造房子，在东京都城里也造不起，朋友们可劲儿跟我说去乡下吧。于是，就买下了国立的松林一角，请人建起了都营住宅。当时，很多没有多少钱的文化人渐渐地聚集到了国立，每天晚上都会聚集到站前的一家叫作"伊壁鸠鲁"的吃茶店，一杯咖啡论天下、论国家、聊各自梦想。当时我在专修大学执教，一回到国立就会给家里打电话说"现在就回家"，一双脚便径直奔"伊壁鸠鲁"而去，一聊就到后半夜。国立音大校长有马大五郎先生、理事长中馆耕藏先生、打定音鼓的小森宗太郎先生、现在已经去世的列奥尼德·克鲁采[1]教授等，总会有谁过来扎堆儿。面对新旧居民之间冒出来的种种问题，他们这些人悟到自己城市的事情必须自己做，此乃天经地义，并进行了各种各样的活动，按现在的说法，就是市民运动的策源。他们还抱定一颗"有钱者出钱，有闲者出时间，有智者出智慧"的心，举办了各种各样的教养讲座。我在町会议员、学生、家庭主妇等六七千人面前

---

1. 列奥尼德·克鲁采（Leonid Kreutzer，1884—1953），俄裔犹太人，古典钢琴家。二战期间因被纳粹驱逐移居日本，教授钢琴。在日本有以他名字命名的钢琴品牌克鲁采，一译克鲁兹。——编者注

讲了《源氏物语》。

就在这段时间里，不知道哪位起了个话头，中馆先生说：在国立音大办所小学吧。记得我的长女是昭和二十六年进的国立音大幼儿园，很想在她毕业后有小学可以接受她。而且当时我还当着教育委员会委员长。从这个立场出发，也希望有一所私立小学。所以我非常赞成。就这样，昭和二十八年国立音大附属小学办起来了。幼儿园在我们搬来的时候就已经有了。女儿毕业的时候，我第一次见到了幼儿园园长小林宗作老师。由于他同时担任小学部的部长，后来便经常见面了。他搞的教育温厚而独特，我非常尊敬他。当时我完全不知道巴学园的事情。现在回忆起来，很多事情都会让我联想到他肯定在幼儿园和小学都实施了小豆豆式教育。不过，小林宗作老师好像是以大学为主的，每个月只来两三次小学。所以，说幼儿园是中馆先生和我创办的是误传，不知道什么时候把小学给传错了。

我女儿进小学了，但小学的校舍还没有建成，在大学的一个角落里上课。那时，大学生和小学生各二十人一起上体态律动课。我去观摩了课程，第一次见识小林老师上课。看他们上课很有意思，小学生一下子就学会了，大学生却完全学不会，这引起了我的兴趣。我还记得当时小林老师是这样说的：

"手一动钢琴就会响，钢琴响了手就要动起来。就这样反过来看，动了身体就会出声音，出了声音身体就会动。这样想来，音乐是可以用身体理解的。这就是体态律动。"

时至今日我才明白，中馆先生、汇集到小学来的老师们，他们都是受到小林老师教育理念的吸引，体现了小林老师的观点啊！……

碰巧那天已经在国立音小当了三十年英语教师的夫人早坂良子来到仙台，对早坂先生的话做了很多补充。

早坂夫人的话

……小学办起来的时候，包括幼儿园来的孩子，一共有二十个学生，一年级十五人，二年级一人，三年级四人。部长是小林宗作老师，专任教师有岩田老师和现在在大学教音响学的田地老师两个人。

课是借大学的校舍才开始上的。第二学期迁入新校舍的时候，学生们是各自拿着自己的椅子和行李，走过市区大街搬进去的。搬进新校舍后，立即动手用废弃在那里的白铁皮和木片做成玩耍的道具，在院子里挖坑，大家还经常爬树，充分享受着一切，绝对没人说过一句不满。我不知道是不用老套玩耍道具，还是没有钱买不起，但是孩子们是很开心的。我的三个女儿也都上的这个幼儿园，小女儿最后大概是迷上了体态律动教学，两度留学后现在在国立音小帮着搞体态律动教学。直到今天，每到过年，当时受小林老师影响汇集到小学来的老师们就会到我家聚会。岛田初子老师、铃木康之老师、金子美代老师、吉原节子老师、朝枝顺子老师……他们都是在非常美好的意义上围绕在小林老师周围的……

良子老师比丈夫早坂先生更加温文，说话时始终面带微笑，充满柔情。

早坂礼吾先生的话

……最后一次见小林老师大概是在他去世前半年的样子。当时流行烧烤，我们琢磨着也搞上一次，就搞了一次烧烤派对。当时就决定要请小林老师，而且请来了。那时电视上大放特放《皮鞭》[1]，我们也把乌冬面粉装在袋子里挂在腰上，拍得乒乓响，闹得不行。这时，小林老师领头，虽然没有说自己要干什么，但把纸条缠在头上，"哇哈哈、哇哈哈"大笑不止，非常开心。我们觉得这次给了他一些

---

1. 《皮鞭》（RAWHIDE），美国电视连续剧，讲述一群牛仔的冒险经历。——编者注

慰藉，却成了最后一次。后来想想，啊，当时硬是请小林老师来是请对了。晚年小林老师话越发少了，在路上见到也只是温和地打个招呼而已。

不过，是一直在模仿小林老师。在小学的运动会上，红组和白组在狭长的校园里拼命赛跑，然后宣布最后成绩白组胜，小林先生说：

"今天白组胜了，祝贺白组！"

孩子们一齐鼓掌。

"红组虽然输了，但由于有了红组，白组才得胜的。红组，谢谢啦！"

孩子们比刚才更加热烈地鼓掌。

如今在宫城学园，每次幼儿园、初中、高中开运动会，最后都会让我致辞。每年在幼儿园、初中致辞时，我都必定在心里浮想着小林老师，说："今天红组胜了，祝贺红组！白组虽然输了，但由于有了白组，红组才得胜的。白组，谢谢啦！"

每次在铁定爆发的掌声中，我都会沉浸在对小林老师的回忆中："我在模仿'小豆豆式的教育'，这是多么透爽的喜悦啊！"……

宗作老师是在创办幼儿园前一年——昭和二十四年（1949年）——四月开始去国立音乐学校（现国立音乐大学）的。金子巴先生讲，战后，中馆先生造访自由之丘，曾拜托宗作老师说："今后需要体态律动教学，无论如何都想在音乐学校搞起来，您能一起帮一把吗？"于是，宗作老师便开始去国立了。当时，国立同时办有音乐中学、音乐高中和音乐学校，宗作老师开始在这些学校里教授律动音乐。当然，变成音乐大学后，宗作老师又给大学生讲授体态律动。当时在国立音乐大学，体态律动的授课对象是教育音乐学系和幼儿园教喻培养所的学生。

后来，昭和三十七年（1962 年）开始，教育音乐学系一分为三，变成了教育音乐专业一类、教育音乐专业二类和幼儿教育专业，沿用至今。其中，教育音乐学专业二类是专门教授、研究达尔克罗兹体态律动的学科，作为全日本独此一家的特色专业大放异彩。宗作老师一直在这里执教。但我向若干国立毕业的人问过，好像宗作老师在大学给他们留下的印象绝对不深，几乎所有人的记忆，都仅止于他是一位沉默寡言、感觉温情的老师。当然，像国立幼儿园大场老师那样，宗作老师为他们写介绍信，积极推荐他们去玉川学园、成城学园等参观的人有之，被宗作老师严厉批评过的人亦有之。但像战前那样热情的宗作老师形象已经浮现不出来了。

宗作老师为什么会被某种消极的荫翳所环绕呢？是因为晚年这个年龄上的原因吗？是因为长期工作活动带来的疲劳吗？我看不是。我一直在思考宗作老师燃烧能量的方式，认为如果有东西强烈刺激宗作老师的精神，他就会生龙活虎地积极行动，与年龄无关，哪怕是八十岁、九十岁。那么，究竟为什么呢？尽管完全是我个人的想象，但可以这样认为。

宗作老师在为昭和三十三年（1958年）夏天举办的体态律动教学公开讲座所写的讲义中有这样的表述：

> ……在我留学达尔克罗兹学校的两年里，每天、每个小时都在学习我在音乐学校学习时、在毕业后十余年的音乐教师生涯中、在各种所见所闻中从来不曾见过也不曾想象过的练习方法，充满了惊讶和愉悦，充满了新的希望。即使后来经过多年到了今天，我的心潮依旧澎湃。我现在奋笔疾书，感到内心深处涌起了一种欲望——我想再当一次音乐教师……

所谓"我想再当一次音乐教师"是什么？我认为，宗作老师所说的恐怕不是教成年人音乐的教师，而是想当教孩子音乐的教师。宗作老师以幼儿园、小学和孩子们为对象建立起了教育理念，一路实践过来。在他看来，大学的学生太没有反应了。所以，他才会对目标意识明确，将来要当幼儿园老师的学生变得积极，就像对幼儿园教喻培养所的学生们那样。

日本任何地方的私立音乐大学里都有专攻音乐教育的专业。可悲可叹的是，日本音乐界，不论是大学还是一般社会，认为钢琴专业天下第一的倾向至今依旧严重。有一段时间，钢琴专业毕业当钢琴教师甚至成了一个时代的理想。高考时第一志愿报考钢琴和声乐专业的学生，大半都会同时在第二志愿报考音乐教育专业，参加考试。这是一种保底措施，即使考不上钢琴专业，庶几可以考进音乐教育专业。如此考进音乐教育专业的学生，几乎全都把思考教育、教授体态律动放在次要中的次要位置，而把想当钢琴教师放在了第一位。学生们的实际情况如此，让宗作老师对他们拿出热情，他是做不到的，尽管并非所有学生都是如此。

在音乐大学授课，对宗作老师来说绝非有趣，毋宁说无聊。这种状态持续数年，渐渐就把沉默寡言、面带微笑、和蔼温和的"爷爷"老师印象留给了学生。

而且宗作老师在性格上，应该说在信念上，绝不会做宣传自己、谄媚他人、讨人欢心之事。所以他不会在大学里游刃有余地处理形形色色的人际关系和组织的繁杂琐事。无论什么组织，组织越大这种人就会越被孤立。宗作是一个没有欲望的老师，一心为了实现理想而向前迈进。人们之所以用"好恶分明的老师"来评价宗作老师，就是因为他极端厌恶出卖自己、溜须拍马、做事不合情理。

四月一日愚人节那天，有人发来电报说"幼儿园烧掉了"。听说宗作老师收到后火烧火燎地坐上出租车从自由之丘飞奔国立而去。可以说，这位把一辈子献给了幼儿教育的老师就是一个纯粹的人，一个不解幽默的人。宗作老师肯定直到去世前都在想着跟孩子们在一起。

我观摩了吉原节子老师给幼儿园孩子们上的体态律动课。她画在黑板上的每一根线条、让孩子们运动身体的每一个信号和伴奏、孩子们四处运动的每一个脚步和动作……她所践行的宗作老师总不离口的通过"玩耍"中的种种体验使孩子的身心得到平衡发育的保育……我看到所有这些无不传承着宗作老师的教育理念。我的心怀着莫名的感动离开了国立市的幼儿园。非常巧，我告辞时碰见了宗作老师的三女 —— 黑柳女士在巴学园的同班同学 —— 金子美代老师，我和她打了招呼。这给我留下了特别深刻的印象。

宗作老师去世

每天往返自由之丘和国立市之间非常辛苦，而且也浪费时间，宗作老师就想在国立附近造房子搬过去。他喜欢大自然，就在国立附近的森林里找到一块野鸟群飞，非常中意的土地，并迅速开工，建成房屋。这恐怕是老师最后的住宅了。昭和三十八年（1963年）二月，就要搬家了。这时恰逢自开办伊始宗作老师就一直关照、任教的千叶市的千叶县立保育专门学校的考试高峰期。二月七日这天，宗作老师结束考试，精神焕发地回到家里。

第二天，八日，巴先生要去木更津的音乐教室教课，早晨六点不到，启动了汽车的引擎后正喝着茶。那是一个寒冷的早晨。当时马路路面铺得还很不好，要想九点到达，六点多就得从自由之丘出发。巴先生已经结婚，住在离宗作老师家约五分钟的地方。就在他马上就要出发的时候，电话铃响了起来。

金子巴先生的话

……电话里说，你爸爸不对劲，马上过来。我瞬间莫名地"啊"了一声，心想这回怕是不行了。我安排了老师替我去木更津的音乐教室，就飞奔过去。父亲还睡着，鼾声如雷。医生打了强心针，正在观察脉搏，说：这很危险，搞不好人就过去了。是脑出血。

听说早晨跟往常一样躺在被窝里看报纸时父亲说了头疼。过了一会儿老妈就听见啪的一声响，赶紧拿开盖到了父亲脸上的报纸，父亲已经在打鼾了。老妈赶紧给我打电话，同时请附近的医生赶了过来。大夫也是在睡衣上穿了白大褂就过来出诊了。

我到了以后在父亲枕边守了三十分钟左右，父亲脖子一软就断了气，就跟电视里演的一模一样……

我想，父亲一定有很多未竟之事。眼看就要搬进国立的房子了。后来，老妈在林中群鸟鸣啭的地方住了一小段时间。老妈去世后，房子就处理掉了。

父亲离开大自然就内心难安，真的想请父亲住到那里去的，太遗憾了……

小林宗作老师于昭和三十八年（1963年）二月八日去世，享年六十九岁。

二月二十三日下午一时，已故小林宗作老师的追悼会在国立音乐大学附属幼儿园礼堂召开。

悼　　词

国立幼儿园之父小林宗作老师：

　　老师把一生献给了幼儿教育，努力实现独特的梦想和
理想。

　　老师首次把第二次留学所研究的体态律动教学法引
进到日本，发明了钢琴集体教学法，创作了"幼儿歌曲"，
让孩子们得以快乐地歌唱，像玉珠一样欢快地跳动。

　　老师珍重节奏和声音，经常讲，说话时、唱歌时要发
出漂亮的声和美丽的音。

　　老师对幼儿园的孩子和职员，随时批评，细致提醒，
不吝赞美。晚年，老师人格愈加圆满，总是亲切地关怀我
们，这一切都留在了我们的回忆中。

　　老师的音容笑貌，永远活在每个人的心中。

　　我们将遵守和传承老师的教诲，把国立幼儿园好好培
育起来。

　　我们衷心感谢老师长期以来对未臻完善的我们给予的
指导，并祈祷老师今后继续守望着我们。

追悼会上，大家唱起了宗作老师创作的歌曲，有马大五
郎、中馆耕藏、早坂礼吾夫妇、奥寿仪、草野京等诸位老师和
有关人士纷纷发表追忆之词，缅怀宗作老师的丰功伟绩。所有

与会者在泪水中永远告别了宗作老师。

当年四月，新生入学成了全日本靓丽风景线。而此时此刻，自由之丘的巴幼儿园却静悄悄地降下了闭园的帷幕。

>　　……父亲自始至终倾心于达尔克罗兹的体态律动教学，一直采用这个方法从事教育。我再有资格，也无法做得与父亲完全一样。如果由我来做，我想，我应该自己购买土地，建设校舍，凭一己之力来做。正因为是父亲倾尽全力做起来的幼儿园，由于父亲的去世，才应该关掉。教育别人的子弟没那么简单，不可能在父亲去世后立刻就会后继有人……

金子巴先生如是说。可以说他也是一位纯粹的教育家。我认为，作为儿子，他以一颗美好的心灵继承了宗作老师对教育的信念。由于涉及继承税，巴幼儿园的土地被卖掉了。后来巴先生向目黑区役所[1]提交了废止巴幼儿园的申请。区役所总务部的人对巴先生提出忠告说：

>　　……真的要废止幼儿园吗？一般丈夫去世夫人也可以

---

1. 区役所，即区公所、区政府。

当园长的。许可证好不容易才拿到，再次申办可就非常麻烦啦。哪怕只是名义，还是拿着如何啊？想借名义的人要多少有多少。您还是要废止幼儿园吗？

多次提醒也没有说动巴先生改变主意，区役所受理了幼儿园废止申请。

金子巴先生：
　　根据学校教育法第四条之规定，兹批准您于昭和五十三年二月一日所申请之巴幼儿园废止事项。
　　东京都目黑区区长
　　冢本俊雄（区长印）
　　　　　　　　　　　　　　　　昭和五十三年四月一日

昭和十二年（1937年）四月获得许可的巴幼儿园，就这样，在第四十一个年头关闭了。

结束语

"不能拘泥于眼前。教育必须看到二十年以后。"黑柳彻子女士是听着宗作老师这个教诲长大的。二十年之后，她用《窗边的小豆豆》让小林宗作老师浮现在了世人的面前。受惠于此，我无心收集的宗作老师资料也得以成为一部著作问世。尽管未能刻画出宗作老师一生的万分之一，但我却切身感受到了一条力量巨大的看不见的线，感受到了人与人之间缘分的不可思议。

对我而言，小林宗作老师是想象中的人物。因此在以连载为主体的这本书中，宗作老师写下的东西、金子巴所说的事情、我自己写出来的事情是泾渭分明地分开写的。由于这种写法和我文章的拙劣而使本书难以卒读，这使我甚感羞愧。尤其是体态律动教学实非文字可以表述，要想写出来，无论如何都需要音乐方面的专业表述，真的令人感到力不从心。但是百闻不如一见。最近文化中心等地方也常在进行体态律动教学，请诸位不妨一看，何为体态律动，当即可知其概要。

宗作老师所写的东西，除了我手头有的以外，肯定还有其他的，但在有限的时间里无法全部找到。还有很多人我想拜会聆听，但也无法全部见面，非常遗憾。如果有哪位知道宗作老师所写的东西、他的轶事和感想，务请示教。

如果诸位通过这本书对小林宗作这位伟大的实践型教育家的思想多少有所理解，我将非常高兴。我们不能总是沿袭小林宗作的理论。因为在当今时代，应对孩子的很多东西必须不断变化才行，正如宗作老师自己所说的那样："……达尔克罗兹的理论只有不断产生出更好的方法，才是体态律动教学的本领……"例如，就连如何在日本民族性中更加恰当接受欧洲音乐这个问题都依然如故，没有得到任何解决。尤其在教育领域，西方音乐的理论与实际被原封不动地继承了下来。倒是欧洲各国搞的教育，远比日本更加扎根于"自己国家的音乐"。

把产生于他国语言生活的音乐用来教育说日语的孩子们，这原本就蕴藏着很多极为困难的问题。

当然，一部分热心人进行了卓越的研究，但只要文部省教科书不采纳，日本音乐教育的问题就得不到任何解决，就会被直接延续下去。在这个意义上，我认为小林宗作老师虽然那么地倾心于达尔克罗兹，却一直坚持以老师自己的方法思考适合日本孩子的教学法和教材，这真是一件了不起的事情，尽管有些尚未完成。当然，我们决不能忘记的是，从大正到昭和初期就已经有教育家坚持从事这种研究了。也是基于这个意义，本书才决定，哪怕不够充分，也要尽量忠实地介绍宗作老师思想的发展过程。

我认为，包括行政在内，我们必须在先人努力的基础之上，更加认真地解决这类问题。已故小泉文夫生前曾对我说：

　　……泰国、中国、朝鲜半岛、缅甸、菲律宾、印度尼西亚、印度等国家和地区，都在教自己国家的儿童自己国家的音乐。只有日本不这么做。所以我现在跟各国教育家见面，交流各国的教学方法。所有国家的人都说，如果能搞一本各国通用的教科书就好了。至少能搞出一本可以相互理解亚洲各国音乐的教科书，孩子们的眼界也会打开的……

　　这是人类为了和平生存而想真正实现的梦想。可以说，为了培养这种视野广阔的孩子，宗作老师的综合节奏教育思维方式让我们更上了一层楼。难道不是吗？

　　我祈祷今后更多地雨后春笋般涌现出来的不是我这样的浅薄涉猎者，而是教育专家，是超越小林宗作开展研究的人。教育也必须与时代共同变化，而不是因为有了优秀的教育家就全盘继承下去。如果全盘继承，只会陷入在日本的风土中很快造出新门阀的境地。优秀的东西必须为下一代当肥料，否则就失去了意义。正因为如此，宗作老师才得以把目光专心致志地投向自己与孩子之间的真实关系中去，才能不要地位、不要名誉、不要财产。正因为金子巴先生也非常理解这些，才有勇气废止了巴幼儿园。

但是，宗作老师晚年的那几年忙于学生和成人教育，离开了幼儿教育第一线。随着"……我想再当一次音乐教师……"的欲望越来越强烈，宗作老师内心里的空洞变得越来越大。

宗作老师脑子里所描绘的《综合节奏教育讲座》十讲系列讲座的构想，并没有作为老师的文章发表出来，成了未竟的事业。

宗作老师热爱大自然，活在大自然中，没有任何勉强。他活得顺应时代，不逆自然潮流。也许对他而言，这也是大自然的必由之路。

金子巴先生最后的话

……父亲决不带伞，总是头戴帽子，身穿雨衣，双手插兜，下雨时立起领子，目不斜视地前行。哪怕路过商店街时有人叫住他递过伞来，说："先生，伞！"他也会说："不，不要啦！"回到家时总是淋得透湿。

于是每次都被老妈抱怨：

"打把伞又怎么啦？这收拾起来太麻烦了！"

但父亲总是一个腔调：

"没事啊，扔在那儿很快就会干的嘛！"

跋

"……写成文字就会说假话……"

听到宗作老师的这句话时，我感到自己被扔进了十八层地狱。我怀疑，让我这个无缘之人来写宗作老师，这种不自量力的事情能得到认可吗？收集资料只是为了自己学习而已，完全没有想过要靠这些资料撰写宗作老师。正因如此，我更加搞不清自己该怎么做才好。之所以我鼓足勇气坚持写了下来，是因为我希望能让更多的人读到《窗边的小豆豆》中描写到的宗作老师所写的东西，哪怕只是一部分……如果没有黑柳彻子女士写下那本名著，这些资料绝不会有机会公之于世，宗作老师也许就会遭遇渐渐被人遗忘的命运。

现实就是，这一代人，哪怕是国立音乐大学的学生，都连"小林宗作"的名字也不知道了。而且，日本人喜欢新东西，一有新东西从外国进来，日本人就会把以前的东西通通当作旧货予以鄙视，不屑一顾。而《窗边的小豆豆》让广大日本人知道了"体态律动教学"。的确，年轻人从欧洲学成归来，使体态律动教学得以年年更新，音乐教育也产生出了丰富多彩的体系。但《窗边的小豆豆》为我们创造了回到原点重新审视达尔克罗兹的机会，向世人再现了这个方法论的实践者小林宗作。这是一件无可比拟的大好事。

想到这些，我不知道如何向为我们写下了《窗边的小豆豆》的黑柳彻子表达感激之情才好。黑柳女士不顾超高密度的日程安排，经常教诲我很多事情，人前人后地支持我，真的很感谢！

尽管我文章拙劣，却得到了诸多人士的助力。

首先要感谢很多阅读了小豆豆后给我来信来电话的人士。

感谢菲利斯女子学院短期大学图书馆的杉山敏子女士。她总是帮助我收集资料，拜托她五件事，她一定会为我查来十件事。

感谢国立音乐大学的小林惠子女士。她是小林宗作研究领域的大前辈，却毫不吝啬地让我阅读了自己的资料。

感谢歌手鹫津名都江女士，她把为自己做研究而收集的关于幼儿才能的大量资料和关于铃木镇一先生的所有资料一个字不落地全部借给了我。她被誉为童谣歌手，艺名叫作小鸠胡桃，在创作于明治、大正、昭和三朝的无数儿童歌曲方面，简直就是一部活词典。例如，当我搞不清是否是宗作老师创作的作品时就去问她，电话对面当即就回答我说："那是某某先生作词某某先生作曲的。"同时传来的还有声音明快的歌声。

整整两年，电视台的工作、大学的讲课、与孩子的相处、这本书稿的撰写都叠加在了一起，我怎么都应付不过来，结果最多的还是从孩子们的现场中腾出手来。为此，一路走来给我的学生——年轻的老师们和我的妻子添加了很大负担。而他们却总是在我泄气的时候鼓励我。

说到鼓励，两年里一直不断鼓励我，让我用最好的方法撰写了此书的是话语特集故事的井上保先生。还有为我做翻译的朝日新闻社井上日雄先生夫妇和佐佐木仁先生，以及每个月必定与我交流感想、鼓励我的横滨市立富士见台小学校长小椋淳男先生及众多老师。

无论如何要感谢的是金子巴先生。只要有一点点不清楚的事情我就会跑到他那里去请教。他还在百忙之中抽空和我一起去信州、群马旅行。

还要感谢宫城学院院长早坂礼吾先生夫妇。他们腾出宝贵的时间跟我谈话。他们的话滋味无穷。

感谢天才的剪纸画师倪瑞良先生，他剪绘、创作的封面美不胜收，那可爱劲儿超过我的想象几十倍。

还有数不清的人士帮助过我。

我在这里表示深深的、深深的谢意！非常感谢大家！

尽管得到了大家的鼎力相助，我却没能写出宗作老师生涯的万一，满心羞愧，恭请原谅！

最后，再次感谢黑柳彻子女士为我们写下了《窗边的小豆豆》，真的非常感谢！

佐野和彦

昭和六十年三月二十八日晨

小林宗作年表及著作一览表

时间	事项	著作
明治 二十六年（1893年）	六月十五日出生于群马县吾妻郡元岩岛村三岛	
明治 三十二年（1899年）	四月　入学吾妻郡三岛小学	
明治 三十八年（1905年）	三月　吾妻郡三岛小学毕业 四月　入学吾妻郡三岛小学高等小学	
明治 四十年（1907年）	三月　吾妻郡三岛小学高等小学毕业 毕业后任甘乐郡下仁田小学代课教师	
明治 四十四年（1911年）	东京市新宿区牛込小学训导（18岁）	
大正 五年（1916年）	四月　入学东京音乐学校乙种师范系	
大正 六年（1917年）	三月　东京音乐学校毕业 四月　东京府千寿第二小学训导	
大正 七年（1918年）	八月　东京市山吹小学训导	

时间	事项	著作
大正 九年（1920 年）	四月　成蹊学园小学部训导	
大正 十年（1921 年）	（28 岁）	随笔《儿童歌曲的今昔》一、二（成蹊学园出版部月刊《母与子》七卷十二号）
大正 十二年（1923 年）	三月　成蹊学园退职 六月　第一次留学欧洲，从横滨港出发	
大正 十四年（1925 年）	四月　回国，任石井漠舞蹈学校讲师 五月　私立成城学园幼儿园部主事，小学、女校讲师 八月　第一次体态律动教学讲习会（于牛込成城小学）	论文《达尔克罗兹新音乐教学法》（成城学园出版《教育问题研究》六五号）
大正 十五年（1926 年）	四月　私立东洋英和女子学校师范系讲师	
昭和 二年（1927 年）	四月　玉成保育员培养所、东洋英和目白保育员学校辞职 八月　第三次体态律动教学讲习会（于牛込成城小学）	
昭和 三年（1928 年）	（35 岁）	随笔《速度》（成城学园《全人》二十四期） 论文《舞蹈改革论》（《全人》二十五期）

时间	事项	著作
昭和 四年（1929年）	（36岁） （昭和初年，入籍金子家为养子）	论文《达尔克罗兹的韵律教育》一～四（《全人》二十六～三十一期） 报告《幼儿园来信》（《全人》三十二期） 报告《幼儿园来信》（《全人》三十三期） 论文《论幼儿园教育之可否》一～二（《全人》三十三～三十四期） 随笔《裸体生活》（《全人》三十五期） 译文《节奏入门》一～二（《全人》三十五～三十六期） 报告《幼儿园来信》（《全人》三十六期）
昭和 五年（1930年）	三月五日　第二次留学欧洲，出发	译文《论唤醒造型力的练习法》一～三（《全人》三十七～四十一期）
昭和 六年（1931年）	一月十七日　回国 成立日本体态律动教学协会 （38岁）	报告《回来了》（《全人》五十七期） 论文《节奏的教育》（《全人》六十期）

时间	事项	著作
昭和 七年（1932年）		译文《论节奏的变化》 让·德乌迪内著 论文《幼儿的音乐性》 （《可爱的孩子》杂志） 论文《何谓综合节奏教育》(《全人》七十三期)
昭和 八年（1933年）	（40岁）	译文《达尔克罗兹式节奏教育》（《全人》八十二期） 论文《综合节奏教育概论》（油印本六十页）
昭和 九年（1934年）		课本《低学年和幼儿的音乐教育 —— 耳、声与眼的训练》(油印本) 论文《欧美音乐教育界之相》一～三(共益商社书店发行·月刊《学校音乐》二卷八～十二期)
昭和 十年（1935年）	四月　私立自由保育员学校讲师	论文《欧美音乐教育界之相》四～十二(共益商社书店发行·月刊《学校音乐》三卷一～十二期) 论文《综合节奏教育讲座》第一编《综合教育概论》（油印本七十二页，昭和五十三年收入日本图书馆发行《大正·昭和保育文献集》第四卷）

时间	事项	著作
昭和 十二年（1937年）	三月　从成城学园辞职 四月　创办私立自由之丘小学和幼儿园，担任校长（巴学园的开端）	
昭和 十三年（1938年）	（45岁）	论文《幼儿的节奏与教育》（分别收入刀江书院刊《幼儿教育全集》第七卷、日本图书馆发行《大正·昭和保育文献集》）
昭和 十四年（1939年）	四月　东京市教育会附属保育员传习所讲师 九月　巴学园新校舍竣工	课本《综合节奏教育》（油印本）
昭和 十六年（1941年）	十一月　社团法人日本音乐文化协会教育部委员	课本《韵律教育》（油印本）
昭和 十七年（1942年）	一月　社团法人小国民文化协会音乐部会参事 四月　从东京市教育协会附属保育员传习所辞职 四月　社团法人东京市厚生事业协会附属厚生保育员培养所主事	
昭和 十九年（1944年）	随着学童集体疏散实施要项的颁布，巴学园疏散至群马县吾妻郡岩下大村	

时间	事项	著作
昭和二十年（1945 年）	四月十五日　巴学园在空袭中起火烧毁 在此前后辞去石井漠舞蹈学校讲师 八月十五日　"二战"结束 （52 岁）	
昭和二十一年（1946 年）	二月前后　被疏散儿童从群马县撤回 四月　私立自由之丘小学因战争灾难废止，只留下巴幼儿园 在此前后，厚生保育员培养所也从王子迁回	
昭和二十三年（1948 年）	十一月　东京都立高等保育员学院讲师	课本《幼儿的节奏、音乐、舞蹈教育》（油印本）
昭和二十四年（1949 年）	四月　国立音乐中学、国立音乐高中、国立音乐学校讲师	课本《幼儿的节奏与教育》（油印本）
昭和二十五年（1950 年）	三月　从社团法人东京市厚生事业协会附属厚生保育员培养所辞职 四月　国立音乐大学讲师 七月　国立音乐大学附属幼儿园园长	
昭和二十六年（1951 年）	（58 岁）	课本《幼儿的节奏、音乐、舞蹈教育》（油印本）
昭和二十七年（1952 年）	五月　国立音乐大学保育系讲师	

时间	事项	著作
昭和 二十八年（1953 年）	四月　国立音乐大学附属小学部部长	
昭和 三十一年（1956 年）	四月　国立音乐大学幼儿园教喻培养所讲师 在此前后，千叶县立保育专门学校讲师	课本《心理学、生理学新钢琴教学法》上下册（油印本）
昭和 三十三年（1958 年）	春天　东京教育专修学校讲师	课本《达尔克罗兹的体态律动教育 —— 基于节奏的教育》（油印本）
昭和 三十四年（1959 年）	三月　国立音乐大学附属小学部部长退职	合著课本《儿童体态律动教学》（国立音乐大学出版部）
昭和 三十八年（1963 年）	二月八日　上午八时突然逝世（享年 69 岁） 二月二十三日　已故小林宗作先生追悼会（国立幼儿园礼堂）	
-	-	注：此外尚有发表年代不详的课本、报纸投稿和未发表论文若干

译后记

寓伟大于平凡，了不起的教育家小林宗作

小林宗作（1893 — 1963），日本教育家，曾两次游学欧洲，学习音乐教学法，是把瑞士作曲家、音乐教育家达尔克罗兹旨在用形体动作体现音乐节奏的"体态律动教学法"引进日本并应用于儿童和成人音乐教育乃至人格教育第一人。

他没有生搬硬套，而是在教学实践中经过努力和摸索，突破陈规，大胆创新，极力宣传，形成了富有"宗作特色"的"综合节奏教育"，并将这种教学方法的应用拓展到了音乐教育之外，升华为人格教育的方法之一，对日本的幼儿教育、儿童教育、成人教育以及音乐教育、人格教育等做出了一定贡献。

然而，小林宗作在当代日本教育界和日本社会上并没有太大名气，更谈不上海外知名度，很难进入大教育家的行列。究其原因，有以下几点。

一是小林宗作早期意识到日本幼儿音乐教育的局限、不合理和桎梏，对幼儿音乐教育现状感到不满，立志突破创新，改

变现状，并两度留学，带回欧洲新式音乐教学理念和方法，甚至创建了"综合节奏教育"的体系性理论，积累了实践。但由于当时媒体并不发达，尽管他本人多有文章、著作、教材发表，也实际举办讲座和演讲会，甚至全国巡讲，但这种近乎一己之力的努力和低端平台的传播，影响的广度和深度明显不足。尽管后来引起了部分教育家的注意，但还是给人一种一定范围内"口耳相传"的印象，就全国范围而言，响应者寥寥。

二是当时日本音乐教育界的主流仍是全盘教授西方音乐，幼儿唱歌、小学唱歌的主流虽然由于众多作词家、作曲家的努力，创作和风格大有改观，但在歌曲作品中，词与曲之间的关系、日语语言与基于西方传统的音乐之间的关系、幼儿和小学生的兴趣与教学方法及教材之间的关系等，并没有处理得很好，音乐教育界尤其是幼儿音乐教育界仍然习惯于明治以来的传统教学法，并没有观念上的根本性突破和现象上的实质性变革。诚如本书作者在书中所说，有些问题甚至至今都没有得到解决。在这样的环境里，像小林宗作这样富有创新精神的人可谓是曲高和寡，缺少知音。第一次体态律动教学讲座只招募到一个听众，就是很好的例证。

三是小林宗作的观念是，音乐教育要从节奏教育抓起，尤其要从幼儿的节奏教育抓起，抓手就是达尔克罗兹的体态律动理论、德乌迪内的节奏几何学等，以及小林宗作在这些理论的基础上创造出来的综合节奏教育理论和教学法及相关实训。从小林宗作的观念到抓手，经过他的努力和实践，实际上已经形成了一个比较完整的体系。但由于理论和实践的施展平台较小，也由于人们的传统观念和心理定式较强，几乎是只有直接受众（学生、学员）及他们周遭的部分人群才能较全面地了解并支持，对距离略远的人群和学校等，影响力明显不足。因此，取得成果的范围比较狭小、有限，未形成社会性效应。

四是小林宗作的教育实践，尤其是早期教学，主要集中在幼儿教育方面，他所主张的音乐教育要从幼儿的节奏教育抓起，节奏训练不到位甚至不让摸乐器的观念和做法，与当时人们不重视早期节奏教育，直接上乐器（尤其是钢琴）的音乐教育观念和实际局面格格不入。而且这样的主张自然而然地让人们把目光和工作重点转向幼儿教育。而幼儿教育在当时幼儿园并没有当今发达，加上战争等因素的干扰，大大限制了接受方市场的开拓空间。以至于第二次世界大战时，除了疏散到乡间的巴幼儿园以外，几乎没有更多相关教学和讲学活动，更谈不上积极开拓市场了。

五是小林宗作把音乐教育视为"全人"教育的一种手段，当成培养孩子人格和让孩子健康快乐成长的一种手段，并没有把他的综合节奏教育目标单纯设定在专业音乐教育上，甚至没有把专业音乐教育当成自创音乐教育体系"综合节奏教育"的目标。这在当时（甚至现在）的社会环境下，会被专业音乐教育界视为不务正业而遭到排斥。

我们承认，小林宗作在世时的教育活动过于平凡，传统观念和实际环境并不十分利于他扩大"综合节奏教育"等自身教育观的影响，因此除了上述五点之外可能还有很多其他原因导致小林宗作生前和身后很长时间没有成为一个代表时代、代表国家、代表流派的著名教育家。诚如本书作者在"跋"中所说："如果没有黑柳彻子女士写下那本名著，这些资料绝不会有机会公之于世，宗作老师也许就会遭遇渐渐被人遗忘的命运。"

那么，有了黑柳彻子的名著《窗边的小豆豆》，本书作者收集的资料得以公之于世，小林宗作又被人们重新关注、重新挖掘、重新认识、重新评价，获得了比以前高得多的社会评价和历史地位，这又是为了什么呢？所以我们同时认为，小林宗作的被埋没，并不影响他的教育思想、"综合节奏教育"等教育理论、教学实践、教学效果和他所获得的成果所具有的非凡意义，以及对当下音乐教育乃至人格教育现实的重大指导意义和启迪价值。正应了那句话：是金子总会发光。

小林宗作对日本教育尤其是音乐教育、儿童教育的历史价值和现实意义，作者在书中已有较多叙述，可资参考。那么，小林宗作及其教育思想和实践，对中国当下的教育，尤其是儿童教育、音乐教育又有什么样的现实意义和价值呢？只要看一下《窗边的小豆豆》汉译本在中国社会的传播和在广大读者中所产生的影响，我们就可以有个大致的判断：小林宗作的教育思想、教学方法、教学实践、教学效果、教育成果，通过《窗边的小豆豆》在中国有了很大程度的传播，影响很大，很多学校都在借鉴，并且取得良好效果，所以反响也很大。由于这些，《窗边的小豆豆》(汉译本)于2020年4月被列入了《教育部基础教育课程教材发展中心中小学生阅读指导目录》(2020年版)之中，成了中小学生"快乐成长"、幼儿园和中小学教师"快乐教学"的参考书之一。

这里，我们不再展开详细描述，但愿意说出自己对小林宗作的评价：小林宗作是一位寓伟大于平凡的了不起的教育家，他的教育思想、理论体系、教学实践、教学效果和教育成果，对中国也具有较大现实意义和价值。

我们知道，《窗边的小豆豆》是一本自传体儿童文学作品，从接受者的角度把恩师小林宗作的教育思想、方法、效果等通过具体实例生动地展现在了读者面前，成就了一部名著，成功地引起了世人对小林宗作的关注。但这部名著未能把小豆豆的恩师小林宗作的教育思想、"综合节奏教育"等教育理论、教学方法、教学实践、教学效果、教学成果以及小林宗作的生平故事等全面展现给读者。于是，在《窗边的小豆豆》出版并引起轰动后，很快便有了这部《巴学园的父亲 —— 小林宗作传》的出版。可以说，《窗边的小豆豆》和《巴学园的父亲 —— 小林宗作传》互为补充，共同完成了完整体现教育家小林宗作的任务，对进一步挖掘小林宗作及其教育思想和理论、方法等的意义和价值大有贡献。所以我们与出版机构特别策划，经与版权人协商，引进了《巴学园的父亲——小林宗作传》（佐野和彦著，株式会社话语特集，1985 年）的汉译本版权。

《巴学园的父亲——小林宗作传》是一本写实性人物传记，以大量第一手资料较全面地介绍了小林宗作的生平故事、教育思想和理论建树、教学实践和效果以及相关业绩和评价，讲述了小林宗作的这些思想、理论、成果对当下日本教育的意义和价值。这些内容对中国的教育，尤其对中国儿童教育、音乐教育、学校教育、教育工作者、家长乃至整个社会都有较大的现实意义和参考价值。

另一方面，我们在此也想指出，大家在阅读本书时，应客观地、辩证地、历史地看待小林宗作这个人物和他的教育思想、教育理论与教学实践。

这部传记的作者佐野和彦不是专业作家，但创作特点突出。对此，我们在翻译时采取的基本策略是准确传递原文内容和精神实质，忠实再现原著表达特色和整体风格，兼顾汉语行文和阅读习惯，对一些特殊之处进行相应的特殊处理。

作者在书中引用了大量第一手资料，包括有关人员的话语和作品、小林宗作本人的话语和作品、相关人等的信函、相关活动的海报等。所有这些构成了本书中分量极重的组成部分。甚至连作者本人都说，这是一部以"引用"为主的作品。对这些引文的翻译，我们采取了按照引文自身风格翻译，但在统稿时将各种引文文风略向中间靠近的策略，以免风格各异影响读者的阅读体验。

全书引用极多，议论性文字很多，文学性相对欠缺，风格驳杂，但充满了对小林宗作的无比崇敬和真挚感情。对此，我们按照基本传递原作风格的原则，尽量以对等的"议论性""文学性"文字译出，但在统稿时也采取风格上略向中间靠近的策略进行了处理，以免书中内容和风格的过度碎片化结构对全书的整体性和风格的统一性造成太大不利影响，使阅读体验和效果大打折扣。

原著对一些理论和教学法做了较详细的介绍，涉及一些人名和术语。我们尽量考证后译出。但就"リトミック"（rythmique）一词的译法，翻译团队内部有过讨论，最后的结论是，根据上下文、小林宗作所生活的时代背景和作者创作本书时的相关情况等文内、文外语境和实际情况，灵活地翻译成了"体态律动""体态律动教学""体态律动教学法""（达尔克罗兹式）韵律（教育）"等概括性较强的术语，没有译成甚至一律译成"韵律操"等具体性较强的术语。

原因是，在一般意义上，韵律操主要指全身的韵律运动——律动体操，的确是"リトミック"（rythmique）的一个意思。但除此之外，仅就本书中出现过的实际所指意义而言，"リトミック"（rythmique）尚有跟着一定节奏按照地面上事先画好的图形做走步、跑步或跳跃的运动，坐在固定位置上跟着一定节奏在桌面上做手指的运动（尤其是模仿和／练习弹钢琴的动作等），跟着一定的节奏让双手和／或双脚甚至四肢分别做不同的动作等种种意思。从统稿过程中精细阅读的感受上看，这样的翻译没有造成逻辑、行文、阅读和理解等方面的障碍，而且我们也没有发现造成内容上误译的情况。此外，还有两个欧洲人，一个日文译为"ケーデー"，一个日文译为"パッかネラ"，我们据音译的日文名未能考证出他们的背景信息，只好依据日译名的读音，将之音译成"凯德"和"帕卡内拉"。如果大家阅读后发现有不妥或误译，敬请不吝指摘，我们将接受并纠正。

我们的译者团队由田建国、杜勤、顾振申、邓俊玲四人构成。田建国对全书汉语译文进行了校对、润色和统稿，并受团队委托代表全体译者撰写《寓伟大于平凡，了不起的教育家小林宗作》，作为译后记附于书后，供读者阅读时参考。

《巴学园的父亲——小林宗作传》即将出版。在这里，我们感谢作者，感谢版权人，感谢出版机构。我们尤其要感谢广大的读者，你们的阅读和接受，使这部传记的生命得以以汉译本的形式在译语世界里延续。我们期待得到读者的不吝指摘，以使这部译著能以更高质量再版，更好地发挥出应有的作用。

译者代表：田建国
2022 年 8 月 16 日
于沪上稚豚舍初稿
2023 年 5 月 1 日
于贤达崇明园修订

KOBAYASHI SOUSAKU SHOUDEN

Copyright © 1985 SAINO KAZUHIKO

Chinese translation rights © 2023 Pan Press Ltd.

图书在版编目（CIP）数据

巴学园的父亲：小林宗作传／（日）佐野和彦著；
田建国等译． -- 上海：上海教育出版社，2023.6
ISBN 978-7-5720-2082-7

Ⅰ．①巴… Ⅱ．①佐… ②田… Ⅲ．①小林宗作一传
记 Ⅳ．① K833.135.46

中国版本图书馆 CIP 数据核字（2023）第 115098 号

图字：09-2023-0592 号

巴学园的父亲：小林宗作传

[日] 佐野和彦 / 著

田建国 杜勤 顾振申 邓俊玲 / 译

出 品 人：缪宏才
策　　 划：北京乐府文化传媒有限公司
责任编辑：刘美文
责任印制：耿云龙
特约编辑：小林多吉
营销编辑：云 子 帅 子 杜 彦
封面设计：黄　婷
装帧设计：裴雷思

出版发行　上海教育出版社有限公司
官　　网　www.seph.com.cn
地　　址　上海市闵行区号景路 159 弄 C 座
邮　　编　201101
印　　刷　天津丰富彩艺印刷有限公司
开　　本　1194×889　1/32　印张 11.75
字　　数　245 千字
版　　次　2023 年 7 月第 1 版
印　　次　2023 年 7 月第 1 次印刷
书　　号　978-7-5720-2082-7/G.1866
定　　价　78.00 元

如发现质量问题，读者可向本社调换 电话：021-64373213